JN071964

出版一年目の教科書

さあ、本を出そう!

Let's publish a book!

出版プロデューサー
金川顕教

SOGO HOREI PUBLISHING CO., LTD

はじめに

あなたのビジネスを伸ばす、意外な秘訣

初めまして、金川顕教と申します。経営コンサルタントをはじめ複数の事業を展開し、７つの会社のオーナーもしています。

私には他の経営者と大きく違う点があります。

それは、これまでに36冊のビジネス書を執筆してきたということです。そして、それらの累計販売部数は40万部以上です。

ビジネス書と言っても、さまざまなジャンルの本を書いてきました。稼げるようになるためのマインドセットの本もあれば、投資や副業に関して具体的なノウハウを書いた本もありました。

さらに、私は公認会計士の資格を持っています。経営者になる前は会計事務所に勤めていたこともあって、決算書の書き方などの本も執筆しました。

他にも女性をターゲットにしたビジネス書や、ちょっと変わったところでは、私と一緒に働いてくれるスタッフを募集するための本も作りました。

とにかくたくさんの本を作ってきました。というより、今も作り続けています。私が初めて本を出したのは２０１６年のことです。つまり、**ほぼ毎月のように出版しているこ**とになります。

また、私自身、普段から多くのビジネス書を読んでいます。年間７３０冊のビジネス書を読破し、それらの解説動画を１日２本アップしています。

念のために書きますが、私は出版関係の会社を経営しているわけではありません。新規事業の立ち上げやプロデュースなどの裏方的な仕事や、ビジネス書の解説をしている『YouTube図書館』の運営や動画の制作など、本業はクリエイティブな仕事が中心です。

そんな私がなぜこれだけ本を出しているのか。

出版は会社経営者にとって、本当に大きなメリットがあるからです。

私はもともとたった一人で小さな会社を始めました。そして、当時から８年経った現在では、複数の会社のオーナーとして、年収１億円以上の収入を得ています。

「これだけ事業を大きくすることができた理由の一つが出版にある」というのが、まずお伝えしたいことです。

人生で本当にやって良かったこと

本書は会社経営者をメインターゲットに「なぜ出版をすべきなのか」「出版を成功させるにはどうすれば良いか」について書かれています。

ここで、少し私の経歴について話をさせてください。

私はもともと偏差値35の底辺高校に通う落ちこぼれでした。勉強なんてしたこともないし、友人たちも皆同じようなものでした。

しかし、ある日「これではいけない」と思って一念発起し、それからは必死に受験勉強をするようになりました。もともとの成績が成績だったので2年の浪人をしましたが、なんとか立命館大学に合格しました。

ただ「これではまだ人生を豊かにすることはできない」と思い、大学時代は一切遊ばずにひたすら公認会計士試験の勉強に励みました。そのかいあって在学中に合格。

卒業後は、世界一の規模を誇る会計事務所デロイト トウシュ トーマツグループである、有限責任監査法人トーマツに就職しました。

初任給600万円という給与面では恵まれた環境でしたが、あまりの激務に「自分の人生は本当にこれで良いのか」と考えるようになり退職。

その後、自分一人でウェブマーケティングを強みとする会社を起業しました。自由な時間とお金を手に入れ、イタリア、フランス、スペイン、イギリスなど、これまでに40カ国以上を訪れました。こうして成長を重ねて現在に至ります。

私はこれまでの人生で「やって良かった」と思うことがあります。それは次の三つです。

①起業
②海外旅行
③出版

思い返すと、人生のターニングポイントとなる瞬間はいくつもありました。

高校時代、周りの仲の良い友人たちとそのまま普通に卒業して仕事を探していたら、間違いなく今のような生活はなかったでしょう。きっと今も地元の三重県で、同じ仲間たちと同じ毎日を送っていたと思います。

大学入学後、遊び歩く周りの学生たちに流されていたら、トーマツに就職することはなかったはずです。後に退職しましたが、若いうちに「お金を稼ぐだけで幸福になれるわけじゃない」「労働者としての働き方は自分には向いていない」ということに気付けたのは、高収入のトーマツに新卒で入れたおかげでした。

起業した後も毎日仕事ばかりしていたら、今の自分はなかったと思います。海外旅行を通して外の世界に触れたことで、新しいビジネスにつながってきました。また、出版という未知のジャンルに挑戦した結果、自分の創造性が高まりました。

友人たちとの思い出もがむしゃらに働いた日々も、どの経験も全て自分の人生の財産です。誇りも持っています。それでも、自分の人生の中で「本当にやって良かった！」と強く思うのは、起業と海外旅行と出版なのです。

経営者こそ、本を書こう！

出版にどんなメリットがあるのかについては、本文の中で詳しく語っていきます。
その前に、出版を通して私が経験したことを大まかにまとめてみます。

- 3年で1万2000人以上の方と出会いがあった。その中から、一緒にお仕事をするパートナーやお客様と巡り会うことができた
- 3年間で300人以上の仕事仲間、パートナーシップの関係を構築できた
- LINE公式アカウント、メルマガ、YouTube のチャンネルで合計1万1500人以上の登録者を獲得
- 中古車購入や生命保険以上の節税効果を得られた

どうでしょうか？　経営者であればきっと興味を持ってくださったはずです。
私自身、出版をきっかけに毎年、年収1億円以上の収入を得ることができるように

なりました。なぜ出版にこのような効果があるのか。本書でじっくり紹介していきます。

本は誰でも書ける

もしかしたらここまで読んでも「自分は本なんて書けないよ」と思われた方もいらっしゃるかもしれませんね。

でも、大丈夫です！　本書では、出版経験のない人が本を作る方法についても丁寧に書いています。と言っても、結論としては「本は誰でも書けるし出版できる」のです。

むしろ、簡単に出版することができなければ、本業である会社経営をしながら毎月出版などできるわけがありません。

私が出版にかける時間は1冊あたり15時間程度です。これだけのリソースで毎月出版しています。ここまでの内容をまとめると、次のようになります。

1冊に15時間程度かけるだけで、求人も集客も節税もでき、さらには、大きく本業のビジネスを伸ばしてくれる

このような、とてつもない施策が出版なのです。

15時間でできるなら、半年~1年の間で時間を捻出して、1冊作れますよね。

本書で解説する出版は「自分の人生の足跡を残そう」というものでも「印税で不労所得を得よう」というものでもありません。

会社経営者が本業を伸ばすための投資としての出版です。ブランディング、求人、集客、節税などに課題を抱えている人、順調に事業を成長させてきたが最近伸び悩んでいる人、これから、起業や独立を考えている人……。

ぜひ本書を読んで、「投資として」の出版を検討してみてください。

第4章 ビジネスを加速させる出版のメソッドとは？

プロデュース：水野俊哉／編集協力：平澤元気／装丁：藤塚尚子（e to kumi）／本文・図表・組版：横内俊彦／校正：池田研一

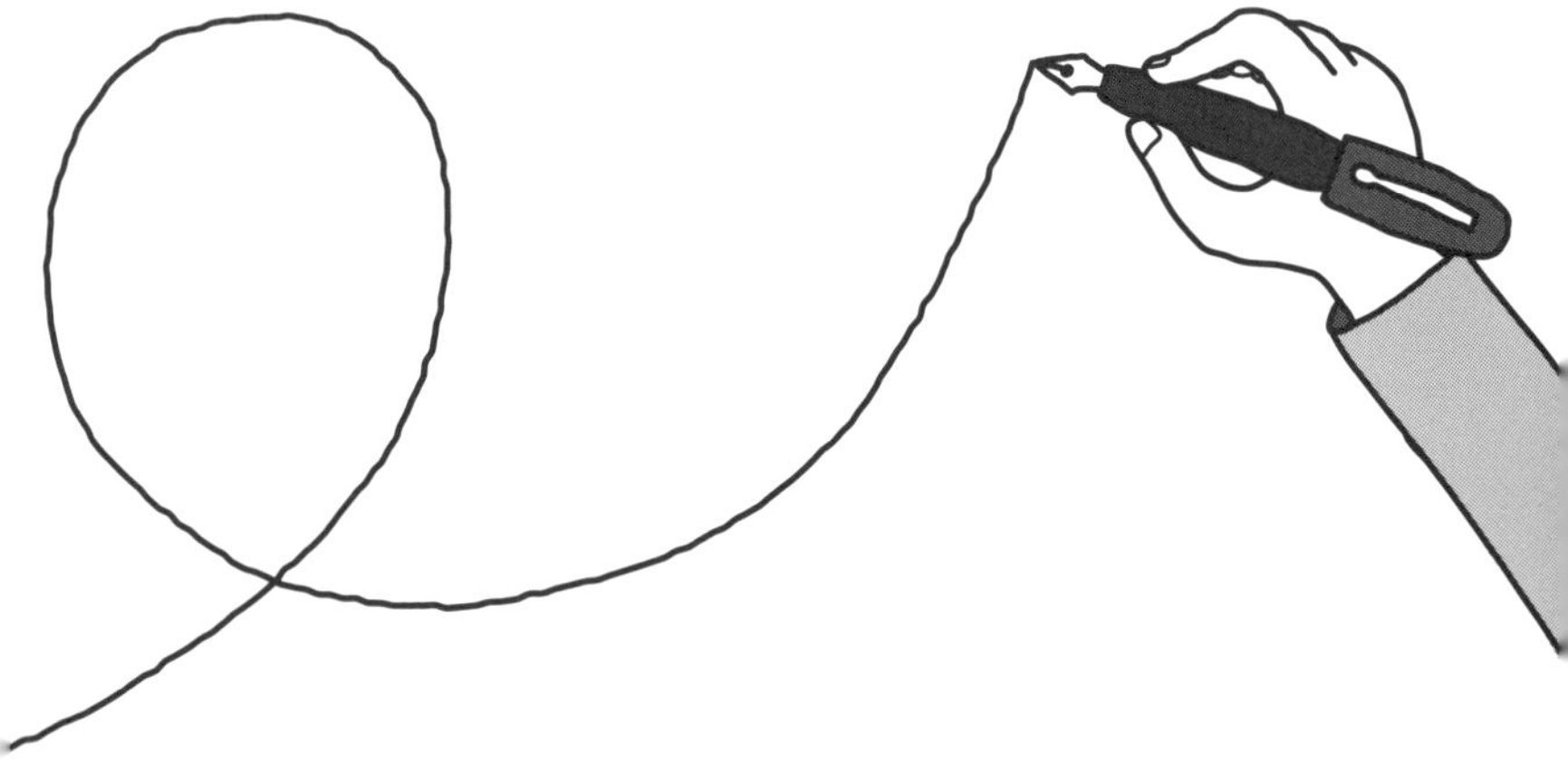

第1章　ビジネスに出版が必要な理由とは？

1

経営者は毎月でも出版しよう

毎月本を出す経営者の実態

私が初めてビジネス書を出版したのは、２０１６年9月でした。

それから4年の間、ほぼ毎月1冊のペースで本を出版し続けています。現在、著書は36冊を超えました。

代表作は『稼ぐ話術「すぐできる」コツ　明日、あなたが話すと、「誰もが真剣に聞く」ようになる』（三笠書房）、『20代の生き方で人生は9割決まる！』（かんき出版）、『人もお金も動かす　超スゴイ！　文章術』（すばる舎）、『80分でマスター！「ガチ速」決算書入門』（扶桑社）、『イヤなことは死んでもやるな』（KADOKAWA）、『公認会計士で起業家だから教えられる「すごい会計思考」』（ポプラ社）、『1時間で10倍の成果を生み出す最強最速スキル　時給思考』（すばる舎）、『年収３００万円の人の悪習慣　年収１０００万円の人の良習慣　年収1億円の人のすごい習慣』（サンライズパブリッシング）などなど。

テーマはビジネス系のノウハウから、自己啓発、勉強法など多岐にわたります。おそらく国内で出版している人たちの中でも、上位に入る出版ペースと出版点数だと思います。

こんなふうに書くと、毎日机に向かって原稿を書き続けている専業作家の姿をご想像するかもしれません。しかし「はじめに」でも述べた通り、私の本業は作家ではありません。

私は公認会計士であり、7つの会社のオーナー業をはじめ『YouTube図書館』の運営などのさまざまな事業を持つ経営者です。本業はそれらの事業の運営です。**本の制作には、1冊あたりせいぜい15時間程度しかかけていません**。生活全体の中で見れば、経営者としての仕事にかける時間の方が圧倒的に多くなります。

多くの本を出版していると言って、毎月何時間もかけて執筆しているわけではないのです。

経営者が出版すると良いワケ

もしかしたら今、あなたの頭の中には次のような疑問が浮かんでいるのではないでしょうか？

●なぜ経営者が30冊以上のビジネス書を出版しているのか？

●なぜ1冊に15時間程度割くだけで出版することができるのか？

本書では、これらの出版スタイルを可能にする私の知識やノウハウを詳しく語っていきたいと思います。

まず初めに、最も重要な結論部分をお話しします。

それは**全ての経営者は出版をすべきである**、ということです。経営者が出版することで次のような効果があります。

●事業の価値が上がる

●上場企業に負けない優秀な人材を雇用できるようになる

●集客力が上がり、売り上げが増える

●中古車や保険の購入以上の節税効果がある

●労力を割かずに、効果的な社員教育を行うことができる
●マーケティングスキルや営業スキルが向上する

こんなメリットが一度に手に入る施策があるとしたら、やらない理由はないと思いませんか？

それとも「いきなりこんなことを言われても意味がわからない」「信じられない」と思われたでしょうか？

しかし、ご安心ください。本書では、出版にこれらのメリットがある理由を一つひとつ合理的に説明していきます。そして、実際にあなたが出版する方法まで解説します。

本を出版してみたい人だけでなく、効果的なマーケティング施策・ブランディング施策・求人方法をお探しの経営者にとって、必ず有益な情報となると確信しています。

2

真の目的は「印税」ではない

出版は「投資」である

私が「本を出版している」と言うと、必ず「夢の印税生活ですね」「不労所得ですね」と言う人がいます。

おそらく、世間一般のイメージで言うと、本の出版とは印税を目的に行うものなのでしょう。しかし、少なくとも**ビジネス書の世界では「印税のために本を書く著者」はほとんどいません**。それどころか、**お金をかけてでも出版するという著者がほとんど**です。

例えば、2018年5月5日付けの日本経済新聞の朝刊に「『お金2・0』佐藤航陽《さとうかつあき》著　著者自ら費用負担し販促」という記事が掲載されていました。佐藤航陽著『お金2・0』(幻冬舎)は2017年に出版されたベストセラー本です。この記事が掲載された時点で、その発行部数は20万部を突破していました。

現在の出版業界では、1万部売れたらまずは成功と言えます。その事実からすると、この数字は素晴らしいものです。

なぜ「出版不況」と言われる中、大成功を収めることができたのか？

この記事の中では、成功要因の一つとして「著者が５０００万円もの費用をかけて電車広告を出したこと」が紹介されています。著者は発売前に「印税を販促に使って欲しい」と申し出た上で、読者層を広げるために「電車をジャックすること」を提案。さらに、それらの広告費を自分が支払うことにしたそうです。

かくいう私も、これまで本の出版には1億円以上のお金を使っています。実際に私の周りにも、1冊の本を出すのに１０００万円以上かける経営者はざらにいます。

経営者にとって、本を出すことはそれくらい価値のあることなのです。

「夢の印税生活」のウソ

「でも、どうせたくさん印税をもらえるんでしょう」と思われたかもしれません。

しかし、実際に多額の販促費用を印税で回収できるのかというと、残念ながら答えはＮＯです。

著者がもらえる印税の額は契約の内容次第ではありますが、大抵の場合せいぜい本の代金の10%程度が相場です。初めて本を書く方の場合だと、5～8%くらいということもあります。

仮に印税率8%で本体価格が1500円だとすると、1冊につき印税は1500円×8%＝120円です。すなわち、1冊売れるたびに（1冊刷られるたびに）120円が著者に入ることになります。

先ほどの佐藤氏が仮に一般的な契約を結んでいた場合、20万部売れれば（刷られれば）、印税は2400万円です。販促費に5000万円かけている場合、単純計算で2600万円の赤字となります。

売れている本でさえこのような状況なのです。通常の本ではなおのこと、印税をもらっても赤字になることの方が圧倒的に多いと言えます。

ですから、**ビジネス書の著者となる経営者は印税目的で出版をしているわけではない**、ということです。

ホンモノの経営者ほど出版している

先ほど、出版にはさまざまなメリットがあるという話をしました。

多くの経営者がそれらのメリットを得るために「事業の一環として」「投資の一種として」お金を出して出版する、というのが現在のビジネス書業界ではポピュラーとなっています。本業を伸ばすための施策として出版しているわけです。

逆に言えば、**多くの経営者が数千万円の投資をしても良いと思えるほどのメリットが出版にはある**のです。

そして、本業ではない出版に数千万円を投資できる企業というのは、当たり前ですが本業がうまくいっていて財政状況に余裕のある会社です。

そんな優秀な会社の経営者たちが認める、きわめて優秀な出版の施策があると言われたら……。興味が湧いてきたのではないでしょうか？

ここからは、その出版のメリットを詳しく解説していきたいと思います。

3

出版はビジネス界の「ミシュラン」である

本を書く一番の目的は？

出版によって得られるメリットの一つ目は「ブランディング効果」です。

これはなんとなくイメージがつくかもしれません。**本を出すことで「その道の専門家である」と認識されやすくなります**。すると、ビジネスにおいて非常に有利に働きます。

ビジネスでは基本的に「顧客に自分の商品やサービスを選んでもらうか」「いかに競合と差を付けるか」という戦いに勝ち進んでいく必要があります。

その一方で、さまざまな企業が参入し、今の時代はどんどん「商品やサービスの内容」で差を付けるのが難しくなっています。

例えば、スマートフォンを買おうとしたときに「どれも同じような機能で何が違うのかよくわからない」と感じたことはないでしょうか？　それと同じことが多くの業種において起こっています。

そんな時代に他社と差別化を図るには、ブランディングが重要となります。

つまり**「何を言うかよりも、誰が言うか」「何を買うかではなく、誰から買うか」という時代になっている**わけです。もちろん業種によってもこの流れの程度には差がありますが、今後さらに加速していくでしょう。

ビジネスで「有利な前提」を作る

そもそも、ブランディングとは何かをちゃんと説明できるでしょうか?

ちょっと話がそれますが、私はおいしいものを食べるのが大好きです。新しく行くお店を探すときはよく食べログを利用します。

読者の皆さんの中にも、食べログを普段から使っている人は多いと思います。

では、その中に「百名店」という特設サイトがあるのをご存知でしょうか?「スイーツ」「ラーメン」「焼肉」といったジャンル別に、食べログで特に評価の高い100店舗を紹介しているページです。「○○が食べたいな」と思ったときに、効率よく良いお店を簡単に見つけることができるので、私はよくそこを見て行きたいお店を探しています。

まさに、これがブランディングなのです。この**サイトに掲載されることで「食べログという膨大な数の飲食店が掲載されているサービスのトップ１００に選出されているお店なんだ」というバイアスがユーザーにかかります**。

これによって「このお店はきっとおいしいから行ってみよう」と客の来店を促し、集客につながるのはもちろん、いざ行ったときの印象にも影響を与えます。

例えば、少しこぢんまりとして煩雑な店内であったとしても、そこが「良い店である」という前提があるかどうかで「しょぼい内装だ」と感じるか「隠れ家っぽい良い雰囲気だ」と感じるかが変わることは誰にでもあるでしょう。

これは営業で言えば、同じプレゼンをしたとしてもより説得力を感じさせたり、同じ提案をしてもより魅力的に受け取ってもらえたりする効果があるということです。

「先生」というブランドを手に入れる

飲食店のブランドに関わるという意味では、食べログよりもっと権威があって有名な称号がありますよね。そう「ミシュラン」です。

ミシュランで星を獲得したとなれば、それだけで一流のお店である証明になります。私もよくミシュランに掲載されたお店で食事をします。本当にどこもおいしいところで、ハズレがありません。

ビジネスにおいて本を出すということは、このミシュランに掲載されるのと同じくらいのブランディング効果が期待できるのです。

また、日本では本の著者のことを「先生」と呼ぶ文化があります。弁護士や医者などども、先生と呼ばれますね。すなわち「本を出すことは、国家資格を取るのと同じくらいのブランド力がある」ということを、多くの日本人が無意識化で刷り込まれていると言えるでしょう。

とある会社の経営者が本を出すことで、その道のプロと認められ「先生」と言われるようになる。これは新興企業がいきなり上場するくらいのインパクトがあると思います。つまり「出版は個人の上場である」とも言えるのです。

もし、商品やサービスに自信があるのに売り上げが伸びないと感じているなら、その原因はブランド力にあるかもしれません。

かといって、今から資格を取ったり、何かの賞を受賞したりするまで待つというのは現実的ではありませんよね。そもそも、そんなわかりやすいブランディング手段がない業種もあるでしょう。

そんなとき、**どんな業種でも有効で、かつ自分から能動的に行えるブランディング手段が出版なのです**。それにも関わらず「検討すらしない」のは、大抵の経営者にとって損なことではないでしょうか？

4

大企業に負けない、優秀な人材を獲得できる

上場企業からの引き抜きも可能

出版にはさまざまなメリットがあります。**私が最も「出版して良かった」と感じたことは求人効果**です。

実際、私の本を読んだ人が「一緒に働きたい」と言って連絡をくれることがよくありました。今まで何人もこの形で採用しています。

一般的に企業が求人する際は「求人広告を出す」「ヘッドハンティングをする」「人材紹介を受ける」といった方法が一般的です。しかし、出版を通した採用はこれらの方法よりも明確に優れています。

まず、**採用できる人の「質」が違います**。当たり前の話ですが、高学歴の学生やすでに社会で結果を出している優秀な人材は、上場企業などの大きな会社に就職する割合が高くなります。

ニュースなどで「東大生に人気の企業ランキング」といったものを見る機会がありますね。それらの企業は、基本的に全て一部上場企業です。私の会社を含め、いわゆるベンチャーと呼ばれる企業が、求人広告やヘッドハンティングでそういった優秀な人材を確得するのは至難の業です。

しかし、私はここ数年で、最年少で大手生命保険会社の管理職にたどり着いた人、某上場企業に勤めて同期の中で一番の営業成績を残してきた人といった「上場企業で働くレベルの人材」を採用することができています。

彼らはみんな、**私の本を読み、私の考えに共感して来てくれた**のです。

本は「マッチングサービス」

ベンチャーが採用の面で上場企業に勝てないのは、当然給与などの条件面で分が悪いというところもあります。

しかし、最大の理由は知名度です。

偏差値が高い大学の就活生や上場企業からの転職を考えているような人は、そもそも私の会社を知りません。たまたま名前をどこかで見る機会があったとしても、そこで自分が働こうと思う動機がありません。

しかし、**本はその動機を提供することができる**のです。

私が書いた本は、私の考えを２００ページくらいにぎっしり詰め込んだものです。そこには私のノウハウ、考え方、目指すべき将来像、そういったものが全て書かれています。

これは普通の求人サイトの情報欄や、ヘッドハンティングのために何度か食事をしたくらいで伝えられる情報量を圧倒的に上回っています。

さらに、就職しようとする人は無料で求人サイトを利用できますが、本は有料です。つまり、私の本を読む人は１５００円を払い、貴重な時間を費やすほど、私の本のテーマやタイトルに惹かれているわけですよね。

さらに、本というフィルターを通して、私の考え方と相性の良い相手を見つけ出す役割を果たしているとも言えます。

すなわち**本は「私の考えと相性の良い相手」に対して「私のこれまでの経験や考えを余すことなく伝える」ことのできるアイテム**なのです。

もちろん、中には高学歴ではなく、まだ社会人経験が乏しいような人もいます。しかし、共にビジネスをしていく上では、私の考えに共感し私に憧れを抱いてくれているということが大切なのです。

そういう人の方が、ただ家に近いとか何となく求人サイトで目に留まったという理由で応募してくる人よりも、圧倒的に優れた人材と言えます。

自分の考えに共感してくれる人を集めれば、せっかく採用したのにすぐにまた転職してしまったとか、全くやる気がなくて使いものにならないといったリスクを最小限に抑えることができます。

応募する人にとっても、トップの人間が何を考えているのか全然わからない会社に行くより、少なからず共感や尊敬などの感情を持てる経営者のところで働く方がやりがいもあって頑張れるはずです。

つまり、本は採用におけるマッチングサービスのようなものなのです。

5

コアメンバーを集めることができる

一流の経営者とは

そもそも、なぜ採用活動をするのでしょうか？　当然ですが、一人ではできない仕事を代わりにやってもらうためですよね。個人でできる事業であれば、法人化する必要はなく、フリーランスとして活動すれば良いわけです。

基本的に経営者になる人は、みんな優秀です。仕事ができなければ独立や起業をしようとはならないでしょう。

しかし、会社として業績を伸ばしていくなら、自分が優秀なだけでなく、組織全体のパフォーマンスを上げる必要があります。私は経営者について、次のような考えを持っています。

一流の経営者：コアメンバー（部長などの管理職）がみんな優秀。右腕となる人物が一人くらい辞めても全く問題がない

二流の経営者：自分と同じくらい優秀な右腕がいる

三流の経営者：自分だけが優秀

自分だけ優秀であっても、フリーランスに毛が生えた程度の業績しか残せません。そこに「優秀な右腕」となる人が現れ、お互いに補完し合って仕事をすることができれば一気に業績は伸びます。しかし、それでもやはりいつか限界はきます。そもその右腕となる人がいつ辞めないとも限りません。

では、コアメンバーが全員優秀ならどうでしょう？　それぞれのコアメンバーが部下を持ち、素晴らしい力を発揮してくれるなら、自分一人の場合の何十倍ものパフォーマンスが生まれます。また、仮に一人か二人優秀な人材が辞めてしまってもカバーできます。

実は一人で年収３０００万円程度稼ぐ人はゴロゴロいます。**もしあなたが年収1億円以上の経営者になりたいと考えているなら、ただの経営者ではなく、一流の経営者となり優秀なメンバーで成り立つ「すごいチーム」を作る必要があります。**

そのためにはあなたの考えを理解してくれて、やる気のある優秀なスタッフが複数人必要となるわけです。

求人効果は半永久的に続く

コスト的な意味でも、出版は他の求人方法と比べてリーズナブルです。

会社規模や掲載する場所によっても左右されますが、求人広告を出す場合は月に50〜100万円程度のコストがかかるのが一般的です。年間で1000万円前後のお金がかかります。毎年採用したいなら、その額を払い続ける必要があるわけです。

それに比べて、出版はより低コストで実現可能です。詳細は第3章で解説します。

もちろん、広告費をかければ、先述の『お金2・0』のように費用は際限なく膨れ上がります。しかし、実際は会社の収益や目的に応じてフレキシブルに調整できます。

これも出版の魅力です。

また、出版が採用に対して大きなメリットをもたらす理由は、**1回出版した本はずっと世の中に残る**という点にあります。実際に私のもとには、今でも3年前に発売した本を読んで一緒に働きたいと連絡をくださる方がいます。これが、お金を払い続けなければ求人効果を得られない広告との圧倒的な差です。

　また、ヘッドハンティングの場合、仲介者にその人の年収1年分程度を支払うのが一般的です。ヘッドハンティングするということは、すでに実績のある優秀な人を狙うわけですから、やはり１０００万円程度はかかることになります。

　逆に言えば、世の中の経営者たちは、良い人材を集めるためにそれくらいのお金を投資しているのです。求人に手を抜く企業は絶対に成長しません。

　しかしながら、**多くの経営者はこれらの求人方法よりも出版の方が圧倒的に良い人材を安く確保できることを知りません**。これは非常にもったいないことです。

「こんなことを書いて世の中の多くの企業が出版による採用を始めたら、競合が増えて良い人材が取れなくなるのではないか」と思われたかもしれません。

　しかし、私が本に書くメッセージと、あなたが本に書くメッセージは違うはずです。ならば、私の考え方に惹かれた読者は私のもとへ、あなたの考え方に合う読者はあなたのもとへ集まることになるわけです。お互いに困ることはありません。

　さらに言えば、応募する人にとっても自分に合った会社を見つけられます。採用する側もされる側も、みんなが幸せになると言えます。そういう意味でも、出版による求人はあらゆる経営者にお勧めしたい施策の一つです。

6

効率良く集客を行うことができる

最も効果のあるマーケティングとは

次に紹介する出版のメリットは「集客」についてです。

物販、店舗経営、コンサルティング、士業など、あらゆるＢｔｏＣビジネスにおいて集客は売り上げに直結する重要課題だと思います。

私も８年前の起業当初から集客には力を入れています。とりわけ**「リストマーケティング」**と呼ばれる手法をかなり研究しました。

リストマーケティングとは、マーケティングにおいて最も有効と言われる手法の一つです。「どんな商品に興味を持っているか」「どんな商品を購入したか」といった顧客の情報をもとに、商品やサービスを売り込みます。

手順としては、まず、さまざまな方法で顧客の一覧、すなわち「リスト」を集めます。そして、そのリストに対して営業をかけることで効率的に売り上げを作ります。

私の場合はこれまで、YouTube、Twitterといったさまざまなプラットフォームで無料の情報を発信すると、興味を持ってくれた人がこれらの私のアカウントをフォローしたり登録したりしてくれる……というやり方でリストを集めてきました。

現在では、メルマガとＬＩＮＥ公式アカウントにそれぞれ４万５０００人以上の登録者がいます。何か新しい商品やサービスを作った場合は、これらの媒体を通じて営業することで効果的な売り上げが見込めるわけです。

オンラインとオフラインを使いこなす

私はこれまでさまざまなプラットフォームにおける集客を研究してきました。

中でも、特に効率的にリストを集められると感じている手法の一つが出版です。その理由を解説します。

まず、これはマーケティング全般に言えることですが、私は**ＯｔｏＯという考え方が非常に重要である**と考えています。

ＯｔｏＯとは「オンライントゥオフライン」、すなわちオンラインで成功している人はオフラインに活動の幅を広げることで相乗効果が見込めるという考え方です。

逆に、現在オフラインで十分な活躍をしている人はオンラインを有効利用する「オフライントゥオンライン」という考え方も成立します。

とはいえ、今の時代オンラインを活用せずにオフラインで成功しているビジネスなどそうそうありません。

老舗の寿司屋なんていう場合はともかく、多くのベンチャー企業がＳＥＯ、ＳＮＳをはじめとするオンラインでのマーケティングに力を入れています。また一方で、**店舗集客や対面営業といったオフライン活動に課題を抱えています**。

例えば、インターネット上で購買層へアプローチする場合、お客様が特定のワードで検索しなければあなたのサイトにたどり着くことはありません。

出版という形のアプローチであれば、普段ＳＮＳをあまりしない人、インターネットも必要最低限しか使わないような人が手に取ってくれる可能性があります。書店や電車の広告などで、ふと目にした表紙やタイトルが、本人も気付いていないような深層にある欲求を刺激し、自然と本を手に取らせることもあります。

これは、本がオンラインより優れているということではありません。**オンラインに力を入れるのはもはや当然と言える時代だからこそ、カバーしきれない範囲にリーチできる出版の価値が高まっている**ということです。

また「ネットやソーシャルメディアをうまく使って結構稼いでいるんだよね」という人は今の時代ゴロゴロいます。

ブログやSNSの投稿の最後にホームページや商品ページなどに誘導する文章を入れることも、ある種当たり前の光景となってきました。だからこそ、**紙の本という権威性を持った媒体で訴求することで、よくいる「ネット起業家」たちよりワンランク上の印象を与えることができる**のです。

また、紙の本の場合は、オンラインの情報よりも信頼度が高い状態のリストが取れるため、その後の営業もうまくいきやすい傾向にあります。

「SEOやSNSマーケティングなどにある程度取り組んでいるけど、なんだか最近伸び悩んでいる……」。そんな悩みを抱えている経営者は、ぜひ出版というオフラインマーケティングに挑戦してみてはいかがでしょうか?

7

「投資」と「節税」が同時にできる

「会計思考」で考える出版の意義

現在は独立し公認会計士をしている私ですが、もともとは会社員でした。「はじめに」でもお伝えした通り、大学在学中に公認会計士試験に合格し、大学卒業後は世界一の規模を誇るデロイト トウシュ トーマツグループの有限責任監査法人トーマツで、企業の会計監査や内部統制監査などの仕事をしていました。当時培った会計思考は、経営する上でも非常に大きな力となっています。

そんな私がお勧めする**出版のメリットの一つに「節税効果」があります**。ビジネス書の著者は、印税目的ではなく、本業を伸ばすために出版に投資するという話をしました。これはすなわち、**出版にかかったコストは広告費として計上することができる**ということです。

出版に1000万円かけると言うと、とんでもない大金に感じる人もいるかもしれません。しかし、企業が広告費としてかける金額としては、決して大きな金額ではないでしょう。

特に、利益率の高い業態であれば、従業員を雇わない小規模な会社であっても投資できるところは少なくないはずです。

公認会計士が教える三つの節税

節税とは簡単に言えば、会社のために何かお金を使うことで利益を小さくすることです。税金は利益に対してかけられるため、こうすることで支払う税金を抑えることができます。私は節税には大きく分けて三つの種類があると考えています。

①浪費節税
②消費節税
③投資節税

①浪費節税とは、その名の通り浪費によって利益を下げることです。例えば、社用車として高級車を買うといったことを指します。

②消費節税とは、本業のために最低限必要なもの、純粋な仕入れや会社設備にかかる費用によって利益が小さくなることです。全て会社の経営には必要なものです。しかし、それゆえに節税として工夫して行える余地は少なくなります。

これらは確かに節税にはなりますが、大きな問題点が一つあります。それは**結局のところ会社の利益が減っている**という点です。

「利益を減らして税額を抑えるのが節税なのだから当たり前じゃないか」と思われるかもしれませんね。確かにその通りですが、そもそも多くの人が起業するのは、自分の企業を成長させて世の中に貢献し、その対価として余剰資金を増やすことではないでしょうか?

それなのに、**せっかく試行錯誤を重ねて作った売り上げを節税のためだからと無駄に使って利益を減らしてしまうのは、本末転倒**だと私は考えます。

利益を下げないと節税にならないが、利益を下げるとビジネスを行うそもそもの目的から反してしまう、というジレンマが節税にはあるのです。

これを解決する方法が③投資節税です。

お金を使いながら利益を伸ばす

投資節税とはどういうことでしょうか？

シンプルな例で考えてみましょう。今期の売り上げが5000万円、仕入れや人件費などのコストが2000万円だったとします。すなわち利益は3000万円で、何もしなければこの3000万円に対して税金が課せられます。

ここで3000万円のうち、1000万円を使って出版したとします。利益は2000万円になり、この金額に税金が課せられます。

これだけなら「そうは言っても利益は減っているよね」という先ほど解説した内容の通りですが、ちょっと考えてみてください。

出版した後は、これまでお話ししたようなブランディングや集客という効果を発揮し、翌年以降の会社の業績を伸ばしてくれるはずです。

すなわち、**出版にかけた1000万円は翌年以降に利益として返ってくる**のです。

それどころか、うまくやれば1000万円以上の利益をもたらしてくれます。**結果的**

に節税しながら利益も伸ばすことに成功するわけです。

このように、業績を伸ばすことのできる出版こそ、経営者が力を入れるべき投資節税なのです。

8

ムダのない節税ができる

車を買っても節税にはならない

前回は投資節税の重要性を解説しました。せっかくなので、ここでよくある節税の誤解についても解説したいと思います。

まず、①浪費節税として紹介した「高級車を買う」というやり方についてです。これを節税と称して行う経営者は非常にたくさんいます。しかし、私からすれば**このようなやり方は節税になっていません**。

まず新車を買う場合、車のような固定資産には減価償却《げんかしょうきゃく》が適用されます。車の場合だと耐用年数が6年、すなわち6年かけて費用計上することが法律で決められています。仮に1200万円の車を買った場合、毎年200万円ずつ費用計上できることになります。つまり、1200万円のキャッシュを支払った年でも、年間200万円分の節税効果しかないことになるのです。

会社の売り上げや利益は毎年違います。基本的には利益が大きい年ほど節税をする重要性も上がります。

「今期は売り上げが多かったからしっかり節税しよう」として1200万円払っても、200万円しか効果がないのでは効率的なお金の使い方とは言えないでしょう。

多くの節税方法は単なる「課税の先延ばし」

もし、これが4年落ちの中古車の場合はどうなるでしょうか？

耐用年数は2年、すなわち1200万円で購入した車は、600万円ずつ経費計上することができます。これならまあ悪くはないと思われる方が多いでしょう。

しかし、これもやはり厳密には節税になっているとは言えません。耐用年数の2年が過ぎた後、その車はどうなるのでしょうか？　もちろん車としての利用価値はまだまだあるでしょうが、節税効果はもうなくなっています。

さらに、会社が同じように利益を出し続けることができているため「次の節税」として新しい車を買うことにするとしたらどうでしょうか？　すると、普通なら古い車は売却しますね。

仮に古い車が購入して3年目に700万円で売れた場合、700万円は会社の営業外収益となり「固定資産売却益《こていしさんばいきゃくえき》」に計上されます。購入時の１２００万円は、１〜２年目に６００万円ずつ経費として計上されるため節税できます。しかし、３年目には売却時の７００万円の営業外収益《えいぎょうがいしゅうえき》が課税対象になります。

１２００万円で買って７００万円で売っているので、５００万円のマイナスです。

さらに、１年目に６００万、２年目に**600万円費用として処理しても、3年目に700万円課税対象となる売り上げが増えているのですから、全く節税になっていません。**

これは新車でも同じことが言えます。耐用年数が過ぎた６年後には、帳簿価額《ちょうぼかがく》、つまり簿価《ぼか》が０円になり、（厳密に言うと備忘価額《びぼうかがく》１円）、売却した場合は売却額が固定資産売却益として営業外収益に入ります。

すなわち、車の売買という行為は節税しているように見えて、売却時に中古なら２年後、新車なら６年後に課税を先延ばし（繰り延べ）しているだけなのです。

資産とは何か？

そこで出版です。出版は、法律上の固定資産にはあたりません。したがって、１０００万円かけて出版した場合、全額がその年の費用として計上されます。

利益が大きい年にピンポイントで投資して計上できることは、非常に大きなメリットです。しかも、**本によるブランディング、求人、集客といった効果は翌年以降も発揮されます**。

本来、減価償却は「何年にもわたって事業の役に立つもの（資産）に対して、実際に役立っている年数で分割して費用計上しましょう」という仕組みです。

ところで、ここで言う、資産とは何でしょうか？　経営者の教科書とも言われるベストセラー、ロバート・キヨサキ著『金持ち父さん　貧乏父さん』（筑摩書房）では、自分のもとにお金を運んでくれる存在が資産である、と語られています。

そういう意味では、**自分の本は間違いなく資産です。しかし、税法上は資産にはあたらないから減価償却を逃れられる**。そんな裏ワザのような存在が出版による節税なのです。

どんどんなくなる「お得な節税手段」

これまで節税の代表的な方法は生命保険でした。月々10万円の積み立てならば、全損の生命保険の場合、年間１２０万円の節税になります。それでいて、満期を迎えたときには積み立てた金額の大半が戻ってくるものならばそれほど損もしない、ということで非常に人気の節税対策でした。

しかし、実際は先ほどの車の例と同じく、満期を迎えたときに余計に課税されるだけなので単なる課税の繰り延べにすぎません。

しかも、２０１９年の2月から、税務上の取り決めが変わり、保険料全てを費用計上できるタイプ（全損）の保険がなくなりました。

現在は基本的に保険料の5割ずつをそれぞれ費用・資産として計上されることになっています。すなわち**保険の節税効果が非常に弱くなっている**のです。

保険を解約する際は、解約返戻金《かいやくへんれいきん》として返ってきた金額に課税されます。そのため、保険による節税は車と同じく課税の先延ばしにすぎません。また、返戻率も100％を切るため、もとのお金も減っています。結論として、節税のために保険に入ることはお勧めしません。

税理士は教えてくれない

このような背景から新たな節税施策を探している経営者も多いと思います。そこで、私は特に出版投資を強くお勧めします。

税理士さんに節税の相談をしても、おそらくこんなことは教えてくれないでしょう。彼らは税務の専門家ですが、経営の専門家ではないので、投資節税という観点を持っていません。

単に税金を減らすために利益を小さくするだけでは会社経営をしている意味がないでしょう。**経営する上では、投資をして未来のリターンを大きくしながら節税する、という観点が必要になります。**

その意味において、出版への投資は非常に魅力的な節税施策の一つとなるはずです。

節税の仕組み

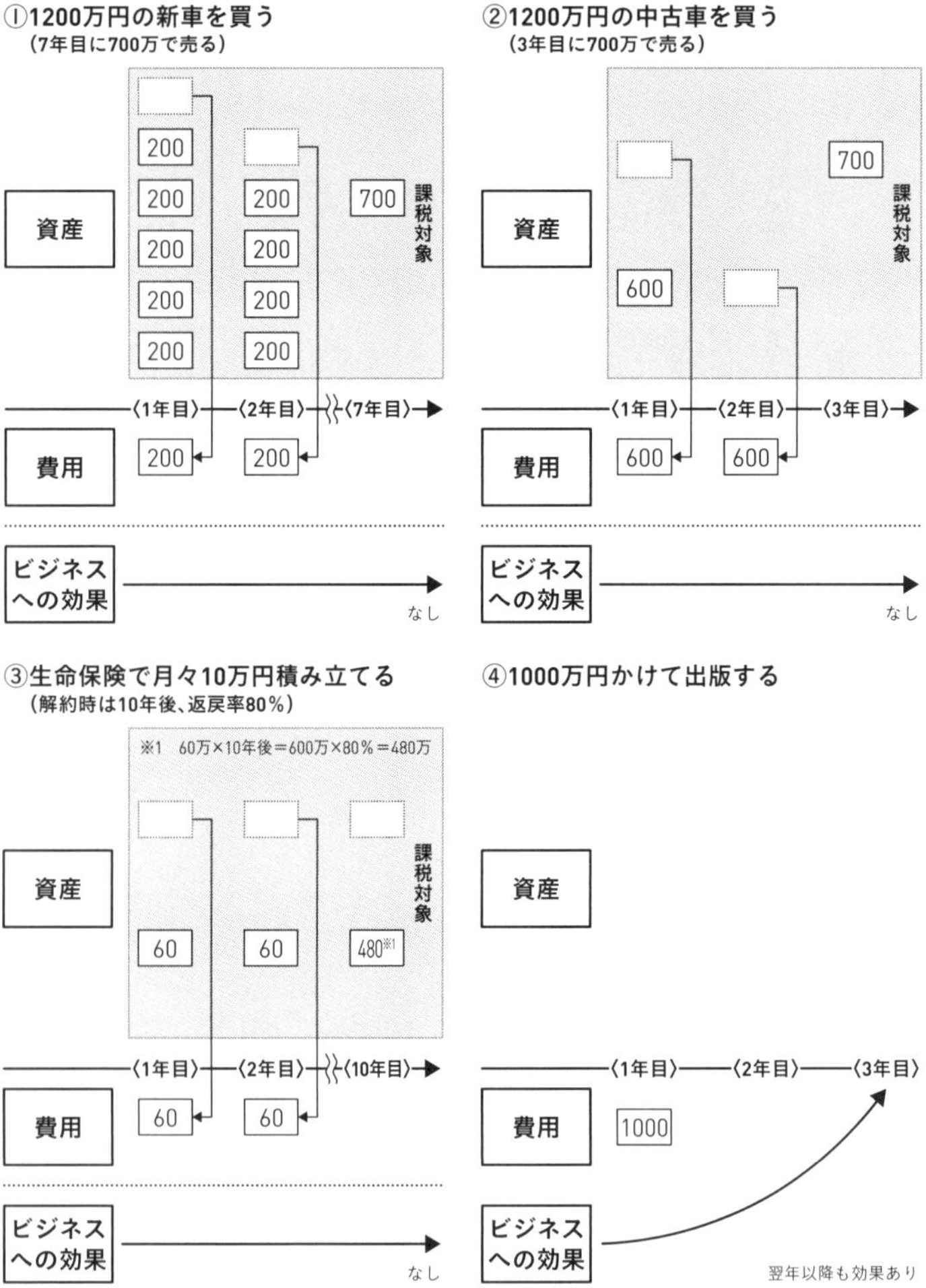
①1200万円の新車を買う
（7年目に700万で売る）
資産
200
200
200
200
200
200
200
200
200
700
課税対象
〈1年目〉
〈2年目〉
〈7年目〉
費用
200
200
ビジネスへの効果
なし
②1200万円の中古車を買う
（3年目に700万で売る）
資産
700
課税対象
600
〈1年目〉
〈2年目〉
〈3年目〉
費用
600
600
ビジネスへの効果
なし
③生命保険で月々10万円積み立てる
（解約時は10年後、返戻率80％）
※1　60万×10年後＝600万×80％＝480万
資産
課税対象
60
60
480※1
〈1年目〉
〈2年目〉
〈10年目〉
費用
60
60
ビジネスへの効果
なし
④1000万円かけて出版する
資産
〈1年目〉
〈2年目〉
〈3年目〉
費用
1000
ビジネスへの効果
翌年以降も効果あり

9

コスパよく「影響力」を得ることができる

あなたはインフルエンサーになれるか？

ブランディングの項目で「何を買うかより、誰から買うかの時代」になっているという話をしました。これは近年のビジネスシーンでは非常によく語られることです。この時代背景をうまく利用しているのが、インスタグラマーやユーチューバーといった「インフルエンサー」と呼ばれる人たちですね。彼らは定期的にＳＮＳなどに記事を投稿することで多くのファンを抱えており、強い影響力を持っています。

インフルエンサーに自社商品を紹介してもらう「インフルエンサーマーケティング」の市場規模はどんどん拡大しています。２０２３年には、国内で５００億円を超えると言われています。マーケティング手法として急速に浸透しつつあるわけです。

もちろんお互いの業種がマッチすれば、インフルエンサーマーケティングは有効な手法です。しかし、**影響力の強いインフルエンサーほど依頼にかかる費用は大きくなります。それに対して、宣伝の効果は一時的なもの**です。

宣伝である以上多少は仕方がないことですが、できるなら費用を抑えたいですよね。

そこで「経営者自身がインフルエンサーになって影響力を身に付ければ良いのではないか」と考える人たちが現れました。自らがYouTubeやSNSでファンを獲得してしまえば、インフルエンサーに高い依頼費用を支払う必要もありません。さらに、いつでも自社の宣伝をすることができます。

そのような考えから**ここ数年、経営者が自らYouTubeなどで情報を発信するビジネス系インフルエンサーが増えています**。私もYouTubeチャンネル『YouTube図書館』を開設し、毎日ビジネス書の解説動画を2本アップしています。

「YouTubeはちょっと大変……」という人でも、FacebookやInstagramなどで、何かしら情報を発信している経営者は多いようですね。

ビジネス拡大に必須な「情報発信」

正直なところ「事業規模を拡大していきたい」すなわち「集客や求人に力を入れたい」と思っているのに、**何の情報発信もしてない経営者は「完全に出遅れている」と危機感を持たないといけません**。

とはいえ、YouTubeにせよInstagramにせよ、フォロワーが数万〜数十万人いる経営者インフルエンサーはすでにゴロゴロいます。その中で彼ら以上に目立つためにフォロワー100万人を目指すというのは、ほとんどの経営者にとって現実的ではないでしょう。

また、現在のインフルエンサーたちは基本的に「顔出し」しています。仕事に関することだけでなくプライベートまで発信することで、フォロワーに自分のことを身近に感じてもらい人気を獲得しています。

もちろん、これは有効な戦略だと思います。しかし、顔を出したりプライベートを発信したりすることに抵抗を感じる人も少なくないでしょう。

そこで、お勧めするのが出版です。**本には無理やり著者の顔や個人情報を載せる必要はありません**。

また、言い方は悪いですが、**出版はお金を出せば実現できる可能性が非常に高い**ものです。もちろん、企画の内容、つまりあなたのコンテンツが良くなければ、出版はできません。しかし、第2章で解説するような方法を用いれば、本の内容もお金をかけることでより良いものを作れるようになります。

ネット初心者でも勝てる

厳密には、出版の世界にもいろいろな事情があります。

芸能人や大企業の経営者など、大物以外扱ってくれない出版社もあれば、初めて本を出す著者を受け入れてくれる比較的間口の広い出版社もあります。ですから、業界人の中では「あの出版社から本を出せるなんてすごい」といったヒエラルキー的なものもあるわけです。

また、すでに実績のある人ほど初版部数（発売時に印刷する部数）が増えていきます。そこで他の著者と差を付けることもできるかもしれません。

しかし、**実際に皆さんは書店で本を買うとき、その本がどの出版社から出たものか確認していますか？　ましてやその本の初版部数を知っていますか？**

ほとんどの人は気にもしていないと思います。大切なのは「本を出している」という事実とその内容なのです。それだけでブランディングができるのです。

一方でYouTubeやＳＮＳではそうはいきません。常にフォロワー数が可視化され、それがあなたのブランド力に影響します。

たとえ同じ内容を発信していても、すでにフォロワー数が多い人の発言には納得感が生まれてさらにフォロワーが増えていきます。逆にフォロワーが少ない人の発言は見向きもされないといったことが頻繁にあります。

インターネット上のコンテンツは、圧倒的に先行者優位なのです。

もしあなたがすでにYouTubeやSNSに力を入れていたり、ウェブマーケティングの十分な知識を持っていたりするなら、思い切ってその分野で挑戦するのもアリでしょう。

しかし、そうでないなら、後発の立場で勝負するよりも、出版というフィールドで勝負する方が勝率は高いです。

10

出版は世の中に対する ラブレターである

ブログよりも「想い」が伝わる

経営者の中には、ブログを精力的に更新されている人もいると思います。しかし、同じテキストでもブログより出版の方が、圧倒的にいろんな人に「響く」と私は感じています。

本は発信者を全く知らない人に対しても影響力が強い、ということです。**無料のブログよりも有料の紙媒体の方が、情報の価値が高い**とみなされます。

また、誰でもすぐに発信できるブログよりも、複数の人と時間をかけて作る本に情報として重きを置いているとも言えるでしょう。やはり、これも紙媒体の持つブランド効果だと思います。

さらに、ブログをやっている人はたくさんいるけれど出版をやっている人は少ない。結果、同じ文章を同じ相手に読ませた場合でも、ブログよりも紙の本の方が相手の心に強く響くわけです。

出版そのものが「何を言うよりどの媒体で言うか」というブランディング効果の価

値を表現しています。

自分の価値観にそった人が集まる

そうやって私の強いメッセージを受け取った読者をどんどん採用していった結果、私の会社は経営者視点を持つスタッフばかりになりました。

私は普段起業を勧めるような内容の本をたくさん書いています。

先ほど紹介した『金持ち父さん　貧乏父さん』に書いてあるように、労働者と経営者は明確に違う仕組みのもとでお金を稼いでいる存在です。そして、本当に豊かになりたければ経営者視点で仕事するしかありません。

そういう内容を発信し続けていたら、**自然と「経営者になりたい」「起業するために学びたい」と思っているスタッフが集まりました**。

ちなみに私の事業では、起業希望の人には法人を設立してもらい、パートナーシップを結んでいます。

経営者集団を作れる

このような形でパートナーを増やした結果、会社の「ライフタイムバリュー」が大きく上がりました。

ライフタイムバリューとは顧客生涯価値のことです。すなわち一人のお客様が私たちと取引を始めてから完全に関係が終わるまでにどれだけの利益をもたらしてくれるか、という数値を表します。

普通は営業ができる社員を新しく採用しても、そこまで会社の利益は増えません。大抵の場合はトークやプレゼンがうまいだけだからです。

しかし、経営者の視点を持っている人は予算を加味した上で売り方を変えたり、経営指標を踏まえた上で提案の仕方を工夫したりすることができます。これはどれだけ営業スキルを学んでも、労働者視点しか持っていない人には生み出せない価値です。

このような**経営者視点を持つスタッフが増えた結果、チーム全体のライフタイムバリューが大きく向上しました。**

出版は集客や成約率という目に見えやすい数値を大きく向上させます。

そしてそれ以上に、会社がより高い利益を生み出して長く生き残るためにも大きな価値を持っているわけです。

しかも驚くことに、こんな素晴らしい経営視点を持つスタッフが20代ということも多いのです。これから彼らがどんどん経験を積み、５年後10年後にどんどん成長していく姿を見るのが楽しみで仕方ありません。

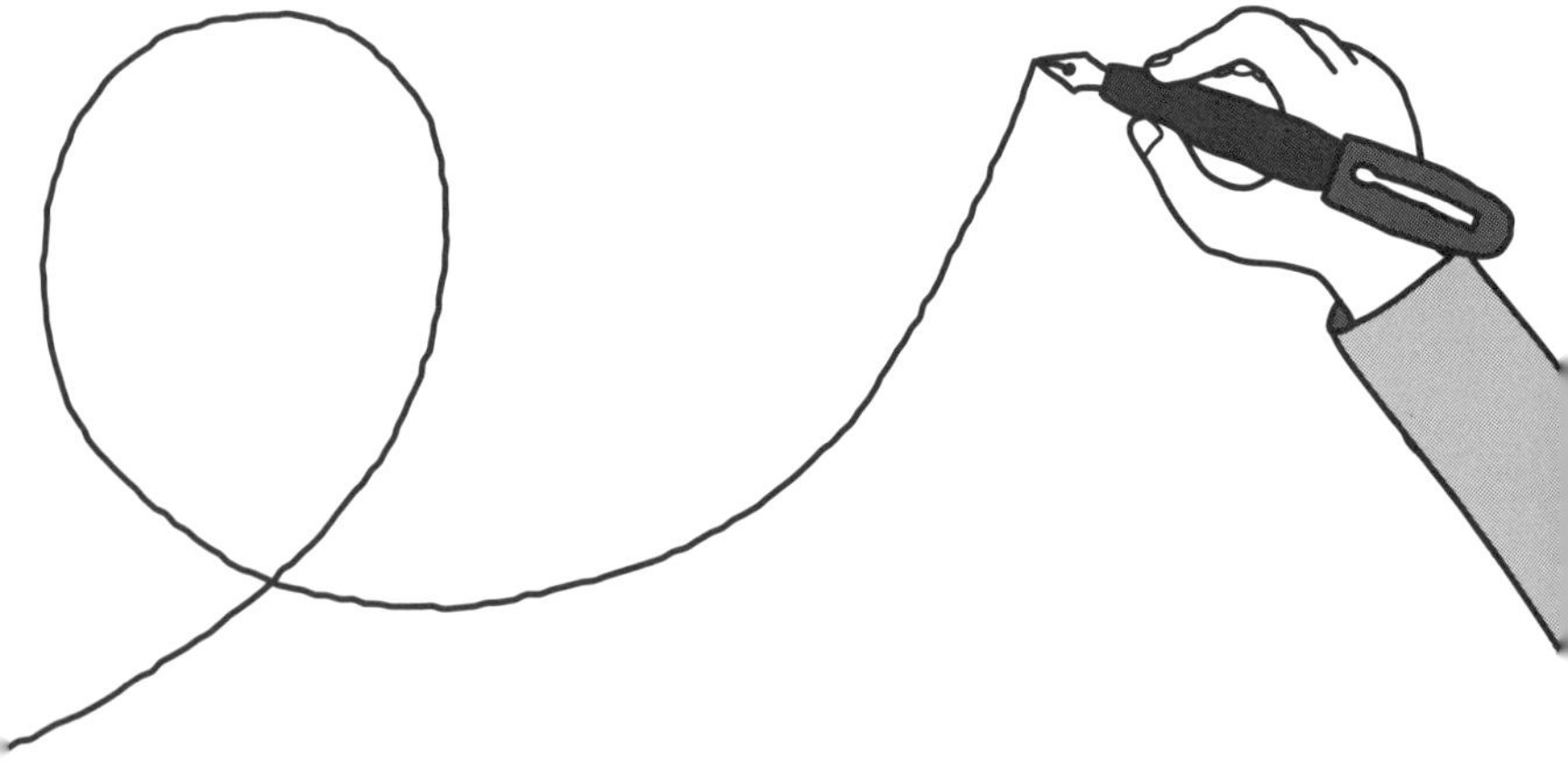

第2章　ベストセラー作家になるには？

1

目指せ！「商業出版」

自費出版では意味がない

第1章では経営者が出版するメリットについて解説しました。

ここからは、出版に意味を見出してくださった方のために、出版経験がなくても自分の本を出版し、さらにベストセラーを目指すためのマインドとノウハウについて解説していきます。

まず前提として、出版のスタイルについて説明しておきましょう。

出版には自費出版と商業出版があります。本書では商業出版をお勧めします。

自費出版は著者が費用を出して出版するスタイル、商業出版は出版社が費用を負担するスタイルです。第1章で著者がお金を払って本を出したり本の宣伝をしたりすることに触れましたが、著者がお金を払う＝自費出版というわけではありません。

商業出版と自費出版の違いは他にもいろいろあります。

最大の違いは「一般的な書店に流通するかどうか」です。自費出版された本は「本を印刷するまで」は業者がやってくれます。ただ、そこから全国の書店に流通することはありません。自分の力で売る必要があります。ただ、現在は書店への流通も行ってくれる出版社もあるようです。

第1章で解説した**ブランディング、求人、集客といった効果は、あなたのことを知らない一般の人が、書店であなたの本を見つけるからこそ生まれるメリットです**。これらのメリットを得るためには、当然書店に流通する商業出版を目指す必要があります。

「売れる」と思われる企画を作る

商業出版の場合、制作コスト、すなわち本の印刷代や、編集・制作に携わってくれるスタッフの人件費といった費用は出版社が負担します。簡単に言えば、その本が売れなければ赤字になってしまうため、**出版社は売れる本しか作りたくありません**。

あなたが商業出版を目指すとなれば、出版社側に「あなたの本は売れる」と思われる必要があるわけです。

出版が決まるまでの基本的な流れとしては、まず出版社に本の企画書を送って返事を待ちます。

もしくは出版スクールや出版オーディションに参加するなど、何らかの方法で編集者と出会い、あなたの本の企画書を見てもらう機会を得ます。編集者がその企画で「いけそうだ」と思えば、今度は社内の会議にその企画書が回されます。そこで最終的に「この本は売れそうだ」と判断されると、晴れて出版が決まるわけです。

ただ、これらの方法で企画が通る確率は１％以下だと思います。**通常のルートで行くと、出版は狭き門**なのです。

2

自己流はＮＧ！

セミナーやスクールよりも良い方法

しかし、どのように売れる本の企画書を作ったら良いのでしょうか？　企画作成に関する知識を得るのは、実はそう難しいことではありません。

世の中には、出版の方法を教えるセミナーやスクールがたくさんあります。そこに通えば企画書の書き方は教えてくれるでしょう。セミナーの中で編集者と知り合う機会を与えてくれるところもあります。

また、出版コンサルタントという人たちもいます。その人たちにコンサル料を払えば、あなたの企画書に細かなアドバイスをくれることもあります。

私自身、最初の本を出す前はいくつかのセミナーで学びました。

しかし今となっては、経営者が事業を伸ばすために出版する場合、セミナーやスクールに通ったり、コンサルティングを頼んだりするのは最適解ではないと思います。

私が思うに、**もっとも良い方法は出版プロデューサーに頼むこと**です。

知識だけではうまくいかない

出版コンサルタントと出版プロデューサーは何が違うのでしょうか？

私の経験上ですが、それは「出版について教えてくれるだけ」か「それ以上の面倒をみてくれるか」です。

セミナーやスクールもそうですが、コンサルティングは正しい知識を与えるのが仕事です。確かにそういったところにお金を払えば、魅力的な企画書の作り方や出版社へのアピールの仕方を学べるでしょう。

しかし、**最終的に良い企画書ができるかは、あなたの実力次第になります**。

出版社に勤める編集者のもとには、毎月大量の企画書が届きます。ベテラン作家のものから有名芸能人のものまでいろいろあるでしょう。

そんな中に一枚、出版経験ゼロのあなたの企画書が混ざっていたとします。勝てる見込みがどれだけあるでしょうか？　出版社だって、儲からない本を作っていては業績が悪化してしまいます。すでに実績がある人やネームバリューがある人が優先されるのは仕方がないことです。

もしもあなたがすでに出版に関する知識を持っていたり、ブログやＳＮＳなどで数十万人のフォロワーを抱えていたりするなど「選ばれる理由」があるなら、ただ企画書を送るだけで勝算があるかもしれません。しかし、そうでない場合は得策ではありません。

誤解を避けるために言っておくと、もしあなたが「自分の本を出すのが夢で、そのために努力する過程まで楽しみたい」と思っているなら、出版セミナーに行くのも悪くありません。やりがいもあるでしょうし、素晴らしいチャレンジになるでしょう。

しかし「経営者が」「事業のために」出版を目指すのであれば、そんな暇はないのではないでしょうか？

経営者は出版の他に本業があるはず。毎月何枚も企画書を書いて、出版社に営業して、ダメだったら書き直して……と、リソースを割いて本業の方がおろそかになったら、手段と目的が入れ変わってしまいます。

ましてや、それでいつ出版できるかわからないというのでは、いくらセミナーの受講料やコンサルティング料を支払ったところで投資とは言えません。

「ゴール＝出版」に導いてくれる人を見つけよう

要は、セミナーにせよコンサルティングにせよ、あなたが本当に出版できるのか、いつまでに出版できるのか、ということには責任を持ってくれません。最終的に出版できるかどうかはあなた次第。本業のためにそんな自己流出版を目指すのは、効率的とは言えないでしょう。

そこで、出版プロデューサーの出番です。

ここで言う**出版プロデューサーとは、あなたにしっかりと取材した上で適切な企画書を作ってくれて、さらに相性の良い出版社に営業してくれて、実際に出版するところまで面倒を見てくれる存在**です。

もちろん、ここまでしてくれるサービスとなると、一般的なセミナーよりも高額にはなります。しかし、あくまで投資であると考えればリターン（出版）があるかどうかわからないものにお金をかけるより、はるかに有用でしょう。

3

優秀な出版プロデューサーを探せ

「肩書」に要注意

「経営者は出版プロデューサーにプロデュースを頼め」と書きました。

ただ、大切なのは「出版するまで面倒をみてくれるかどうか」です。出版プロデューサーという肩書を持っているかどうかではありません。

世間には出版プロデューサーを名乗っている人がたくさんいます。ただ、出版**プロデューサーを名乗っているのに、その人に頼んでも全然出版まで漕ぎつけることができないということもあります**。

良い出版プロデューサーを見つけるためにはどうすれば良いでしょうか？

まずは実績を見ることです。実際に出版を成功させているかどうか。それも「複数の出版社」から「さまざまなジャンルの本」を出版させている人が理想です。

出版社の方針を見極められる

私は今までさまざまな出版社でさまざまなテーマのビジネス書を出版してきました。一例として、次ページに私の著作の一覧を挙げてみます。これらは全てビジネス書として分類されます。

このように、ビジネス書と言っても幅広いテーマや分野の本があります。ノウハウを伝える本なのか、自己啓発の本なのか。ノウハウだとしてもどんなジャンルなのか。ターゲットはサラリーマンなのか起業家なのか。

さらに分野によって、著者に求める知名度や実績の大きさもそれぞれです。

そして**出版社ごとに、得意なジャンルや重視しているジャンルは違います**。あなたの企画書や本の内容が素晴らしかったとしても、相性の悪い出版社に営業してしまったばかりに出版することができないということもあります。

優秀な出版プロデューサーは、あなたの本業や考え方、伝えたいメッセージなどをしっかり取材した上で、適切なジャンルの本としてプロデュースしてくれるだけでな

【KADOKAWA】

『すごい効率化』／『いつの間にか稼いでくれるすごいチーム』／『AIに負けないためにすべての人が身につけるべき「営業学」』／『イヤなことは死んでもやるな』


【集英社】

『3秒決断思考　やるか、すぐやるか』


【ポプラ社】

『これで金持ちになれなければ、一生貧乏でいるしかない。　お金と時間を手に入れる6つの思考』／『人知れず月収100万円を達成する　すごい副業』／『偏差値35から10億稼げるようになった　すごい勉強法』／『公認会計士で起業家だから教えられる「すごい会計思考」』


【SBクリエイティブ】

『仕事と人生を激変させるなら99・9％アウトプットを先にしなさい』／『仕事と人生を激変させる　インプットの教科書』


【徳間書店】

『スマホ1台から1億円稼ぐ技術』


【扶桑社】

『毎日チェンジ手帳』／『毎日チェンジ手帳2・0』／『80分でマスター！［ガチ速］決算書入門』


【主婦と生活社】

『明日も、こだわらない日にしよう　お金と仕事と幸せを「最適化」するメンタルリセット』


【秀和システム】

『ラクラク・かんたん・超楽しい！　ブックメーカー投資入門』／『フリル、ヤフオク！、Amazonだけじゃない！　決定版　無在庫転売入門』／『仮想通貨投資入門』／『金川流　人財募集要項　求められる人になる45の条件』

【かんき出版】

『20代の生き方で人生は9割決まる！』

【実業之日本社】

『マンガ 稼ぐ人に共通する、最強の法則 頭のいいバカになれ！』

【学研プラス】

『ひとりでも、君は生きていける。』

【三笠書房】

『稼ぐ話術「すぐできる」コツ 明日、あなたが話すと、「誰もが真剣に聞く」ようになる』

【すばる舎】

『1時間で10倍の成果を生み出す最強最速スキル 時給思考』／『人もお金も動かす 超スゴイ！文章術』

【あさ出版】

『シナジー人脈術 最小限の力で最大限の成果を生み出すたった1つの方法』

【サンライズパブリッシング】

『チェンジ～人生のピンチは考え方を変えればチャンスになる！～』／『年収300万円はお金を減らす人 年収1000万円はお金を増やす人 年収1億円はお金と時間が増える人』／『財布はいますぐ捨てなさい』／『人生はワンダフル！～Life is Wonderful～』／『初心者を代表して「不動産投資」について教わってきました！』／『CHANGE～エリートへの道を捨てても僕が欲しかったもの～』／『年収300万円の人の悪習慣 年収1000万円の人の良習慣 年収1億円の人のすごい習慣』／『怒らない人の頭の中 年収1億円の人の怒らない生き方』

【総合法令出版】

『最高の働き方 理想の人生は「脱サラ」の先にある』

く、あなたと相性の良い出版社を探して営業することで出版の成功率を上げてくれます。

つまり、さまざまなジャンルの本を作った経験があり、さまざまな出版社にコネクションを持っていなければいけないということです。

本を書いているかどうか

また、良い出版プロデューサーは自分自身も出版しています。

そもそも実践しなければ、ノウハウが蓄積されることはありません。逆にノウハウがある人なら、自分でもいろいろ試して第1章で解説したようなメリットを享受しているはずです。

したがって、**理想は「自分自身が」「さまざまなジャンルのビジネス書を」「さまざまな出版社から」出版している出版プロデューサーを見つけること**です。ここまで絞りこめば、合致する人はそこまで多くないはずです。

また、これくらいの実績があるなら、話を聞くだけでも参考になるはずです。条件を満たしている人を見つけたら、まずは相談に行ってみましょう。

理想のプロデューサーに出会うまで

私は出版の意思を固めたとき、初めはネットで「出版する方法」「出版プロデュース」といったキーワードで検索しました。そして、ある出版プロデューサーへインターネットを介して個別の面談をお願いしました。

実際にお会いして、いただいたアドバイスに従って行動したところ、初めての出版が決まりました。

当初は1冊分の出版のサポートをしていただく契約だったのですが、その後複数の出版が決まり、年間で契約することにしました。

信頼できる出版プロデューサーを見つけたら、長期的にサポートしてもらいましょう。

出版による投資の効果を高めるためには「本を出し続ける」ことが必要になります。

詳しくは第3章で解説します。

つまり、長くお付き合いしていけるかは重要なポイントなのです。
直接会って、人として長く信頼関係を築けるかどうか判断してください。
それが優秀なプロデューサーと出会うための第一歩です。

4

出版を「記念」にしない

名刺代わりの1冊はつまらない

どんな本を出すかは、出版プロデューサーと一緒に考えていくのが理想です。

しかし、自分が絶対に書きたい内容や伝えたいメッセージがある場合は、それを企画にするのが良いでしょう。

ただ、そのときに注意したいのが**「ビジネスに力を入れて取り組んできた記念として、これまでの軌跡を形に残したい」とか「自分の実績を全て詰め込んだ、名刺代わりの1冊にしたい」といった思考を捨てる**ことです。

ブランディング、求人、集客などさまざまな出版のメリットについて語ってきましたが、それらのメリットを享受するためには、本がよく売れて読んでくれた人がその内容に共感してくれることが前提条件です。

例えば、あなたが起業したときに遭遇した困難を、どんなふうに克服してきたかという話を書くとします。それを買った人が読んで「自分も今まさに同じような困難に立ち向かっている」とか「なるほどそんなやり方があったのか」と思ってくれるからこそ、あなた自身に興味を持ち、商品を買ったり一緒に働きたいと思ってくれたりするわけです。

「なんだ、単なる自慢話か」と思われてしまっては、ブランディングも集客も望めるわけはありません。

では、どうしたら読者があなた自身に興味を持ってくれる本になるのでしょうか?

それは、**本の内容が読者目線になっているか、読者のために書かれているか**です。本はつまるところ読者のためにあるものです。著者の記念や名刺代わりとなるためにあるわけではありません。

「自分の足跡を残したい」「実績を形にしたい」。そんな想いが強すぎると、この視点が抜けてしまうので注意しましょう。

私は「読者目線」で本を作るために、日頃から次のようなことを意識しています。

まず、本を作る前に、編集者としっかり打ち合わせすること。編集者は著者の主張と読者の知りたいことをうまくすり合わせて企画にまとめてくれます。

それから、勉強や仕事、読書をするときは、常にお客様や従業員、友人や家族など、誰かのためになるように意識しています。自分のためだけでなく、世の中のために行動することで「読者目線」の企画が生まれます。

端的に言ってしまえば「記念の1冊」や「名刺代わりの1冊」はつまらないのです。

今一度、出版は投資であるということを思い出してください。

「記念」はおまけ

とはいえ「自分の実績が本として形に残るのがうれしい！」というのは自然な感覚ですよね。

私自身も、これまで36冊も本を作ってきたにもかかわらず、いまだに新しい本が完成して手元に届いたり、書店に自分の本が並んでいたりするのを見ると感慨深い気持ちになります。

また、自分自身の考え方も日々変化していますから、以前出した本を読むと「あの頃の自分はこんなことを思っていたのか」と振り返ることができます。

こうした感覚を持つことは、本を作り続けるモチベーションにもなるので良いことだと思います。

ただ、**大切なのは、出版は投資であるため売れる本を目指さなければならないこと、そのためには自己満足に陥らず読者の利益になる内容にしなければならないこと**です。

そうやって一所懸命作った結果として、本が自分の人生の中でも輝く記念となるわけです。

本を出すことで親孝行もできる

本業を伸ばすことや記念になること以外にも、出版には多くの副産物的なメリットがあります。

私の場合は、親が喜んでくれたということがあります。

いくら事業がうまくいっていても、親からすれば「何をやっているかわからない」「本当に生活は大丈夫なのか」と心配しているはずです。「こんなにうまくいっているよ」と決算書を見せても、経営者でなければ見方がわからないですからね。

それに比べて、本を出すというのはわかりやすい成功例です。

私は、本を作っているときは100％売れる本を作るため、読者の利益になるために内容を考えています。しかし、**結果としては、自分の過去の棚卸しになったり、両親が喜んでくれたりという素晴らしいメリットがありました。**

こうしたことも覚えておいてください。

5

文章力はなくてもOK！

自分で書く必要はない

ここまで出版のメリットについて解説してきました。

それでも「自分には文章なんて書けないから、出版なんてムリ」と思っている人もいるかもしれません。

結論から言えば、文章そのものはライターを雇って書いてもらえば良いのです。出版プロデューサーに依頼している場合であれば、ライターも用意してくれることが多いでしょう。

そう言うと「それってゴーストライター?」「そんなことして良いの?」と思う人もいるかもしれません。しかし、**ビジネス書の世界ではライターを起用するのは当然のこと**とされています。著者の代わりに執筆することは、ブックライティングという一つの職業にもなっています。

小説であれば独特の表現や言い回しなど、文章そのものに価値があるでしょう。

しかし、**ビジネス書の価値はあなたが持つノウハウやマインドセットを読者に伝え**

ることです。しっかりとした取材に基づいて、あなたの考えが反映されたものであるならば、何の問題もないのです。

そもそも、本を1冊書き上げるのは大変な労力です。最低でも1～3カ月はかかります。他に本業がある経営者がそれだけのリソースを割くのは現実的ではありません。

本作りよりも大切なことがあるはず

したがって、文章を書くことが苦手だという人でも何の問題もありません。

むしろ重要なのは、本のネタとなる体験やノウハウをどれだけ持っているか。すなわち、**本業であるビジネスでどれだけの実績を積み上げてきたのか、そこから世の中に伝えたいノウハウがあるかどうか**ということです。

別に他の人と比べて圧倒的に優れている、業界ナンバーワンみたいな実績でなくても良いのです。**自分なりに「これだけはやってきたな」と胸を張れるもの**。そういうストロングポイントがしっかりあることが大切です。

それがあなただけのコンテンツであり、あなたの本の価値になります。

それらをうまく企画に落とし込んだり、文章にしたりするのはプロに任せれば良いのです。

アウトプットの経験は積んでおくべき

そういった自分の経験や思考など、何か一つのテーマに対して2〜3時間喋れるようなものがあれば、本は1冊できると思って良いでしょう。

そのくらいのエピソードがあなたの中にあれば、後は出版プロデューサーやライターが、取材中にうまく質問をして話を膨らませてくれます。

逆に言えば、**文章でなくても良いので普段から自分の思考を整理してアウトプットする習慣があると理想的**です。

私の場合は、これまで36冊の執筆活動、1日2本のYouTube動画の撮影、週3回の社内会議、人材育成などによって自分のビジネスノウハウや思考法を発信し続けていました。

また、経営者としての自分のノウハウや哲学をコアメンバーとなるスタッフたちにミーティングでわかりやすく伝えるにはどうしたら良いか、と常に工夫していました。

こういった**アウトプットの経験を常に積んでいれば、同じことを出版プロデューサーやライターに対して行うだけで本ができます**。

ビジネス書の著者に求められるのは文章力ではなく、著者が持つコンテンツです。

日々全力で本業に取り組んでいる皆さんなら、問題ないでしょう。

6

企画作りは三つのポイントを押さえる

①二つのアプローチで考える

これだけ本を書いていると「よくネタが尽きませんね」と言われます。

詳しくは第3章で触れますが、ビジネス書を書くなら1冊に自分の全てを注ぎきらない方が良いでしょう。さまざまなテーマで何冊も書く方が、本業に与えるメリットも大きくなります。

そこで今回は私が考えるネタ作りのコツについてお話します。

まず**1冊目はやはり自分がこれまで積み重ねてきた本業のノウハウやマインドについての内容が良い**と思います。

私の場合、新卒で年収が600万円という「給与面では」比較的恵まれた環境だったトーマツをなぜ辞めたのかという部分を軸に、自分の人生観や起業して自由な人生を歩むことの素晴らしさについて書きました。

最近は自分の内側にあるテーマよりも、世の中の人たちがどんなことに悩んでいるのか、どんなニュースが気になっているのか、という自分の外側からテーマを探すことが多くなっています。

そうした**読者の悩みや関心に対して「自分が持っている経験やノウハウを使って、何かアドバイスすることはできないだろうか？」という視点で企画を考えています。**

「自分の内側にあるテーマ」と「自分の外側にあるテーマ」、それぞれの視点を持って日々を過ごすことが、良い本のテーマを見つけるコツだと思います。

②ノウハウかマインドか

また、ノウハウ系かマインド系かという分け方もできます。

例えば、あなたが肉体労働の仕事を辞めたくてプログラミングを独学で勉強し、今はエンジニアとして起業している人だったとします。

この場合「効率的なプログラミングの勉強の仕方」という本（ノウハウ本）を書くのも良いでしょうし「自らの努力で今の環境を変えよう」という本（マインド本）を書くという手もあります。**同じ経験でもさまざまな切り口がある**わけです。

ノウハウ系とマインド系のどちらが良いということはありません。ただ、私個人と

お買い求めいただいた本のタイトル

■お買い求めいただいた書店名

(　　　　　　　　　　)市区町村(　　　　　　　　　　)書店

■この本を最初に何でお知りになりましたか

□ 書店で実物を見て　□ 雑誌で見て(雑誌名　　　　　　　　　　)
□ 新聞で見て(　　　　　　新聞)　□ 家族や友人にすすめられて
総合法令出版の(□ HP、□ Facebook、□ twitter)を見て
□ その他(　　　　　　　　　　)

■お買い求めいただいた動機は何ですか(複数回答も可)

□ この著者の作品が好きだから　□ 興味のあるテーマだったから
□ タイトルに惹かれて　□ 表紙に惹かれて　□ 帯の文章に惹かれて
□ その他(　　　　　　　　　　)

■この本について感想をお聞かせください

(表紙・本文デザイン、タイトル、価格、内容など)

(掲載される場合のペンネーム：　　　　　　　　　　)

■最近、お読みになった本で面白かったものは何ですか?

■最近気になっているテーマ・著者、ご意見があればお書きください

ご協力ありがとうございました。いただいたご感想を匿名で広告等に掲載させていただくことがございます。匿名での使用も希望されない場合はチェックをお願いします□
いただいた情報を、上記の小社の目的以外に使用することはありません。

郵便はがき

料金受取人払郵便

日本橋局
承認

2507

差出有効期間
2022年4月
30日まで

切手をお貼りになる
必要はございません。

1 0 3-8 7 9 0

953

中央区日本橋小伝馬町15-18
ユニゾ小伝馬町ビル9階
総合法令出版株式会社 行

本書のご購入、ご愛読ありがとうございました。
今後の出版企画の参考とさせていただきますので、
ぜひご意見をお聞かせください。

フリガナ お名前	性別 男・女	年齢 歳
ご住所 〒 TEL ( )		
ご職業 1.学生 2.会社員・公務員 3.会社・団体役員 4.教員 5.自営業 6.主婦 7.無職 8.その他( )		

メールアドレスを記載下さった方から、毎月5名様に書籍1冊プレゼント!

新刊やイベントの情報などをお知らせする場合に使用させていただきます。

※書籍プレゼントご希望の方は、下記にメールアドレスと希望ジャンルをご記入ください。書籍へのご応募は1度限り、発送にはお時間をいただく場合がございます。結果は発送をもってかえさせていただきます。

希望ジャンル:☐ 自己啓発 ☐ ビジネス ☐ スピリチュアル ☐ 実用

E-MAILアドレス ※携帯電話のメールアドレスには対応しておりません。

しては、ノウハウ系は同ジャンルの他の本との差別化が難しく、作る楽しさに少し欠けるかなと思ってしまいます。

例えば、私は公認会計士の資格があるので決算書の作り方といったかなり実務的な本も書いています。ただ、これは法律をはじめとしたさまざまなルールによって、ある程度内容は決まっています。他の会計士が書いても、大体似たような内容になるでしょう。

一方で、私の考え方や生き方は私オリジナルのものです。もちろん、近い思想を持って発信している人もいます。しかし、**同じ「起業をしよう」というテーマだとしても、その根本にある想いや体験は十人十色**です。

そういう意味では単にノウハウ系の本よりは、マインドについて書く本の方が作っていて楽しいと思います。

本を作り続けるには、楽しみながら作ることも大切です。

ビジネス書の著者は、本業を加速させるために、定期的に本を出す必要があります。

私は何事も楽しくないと続けられないタイプなので、本作りも「楽しさ」を意識しています。

また、読者の立場で考えてみてください。著者自身がワクワクしながら作った本と義務感から作った本、どちらが読みたいですか。

これは就職先や転職先を決める際にも、言えることだと思います。毎日一緒に働くなら、楽しそうに仕事をしている人が良いですよね。

出版を通して優秀な人に来てもらうためにも「楽しさ」が伝わるものにするべきです。

③書店に行ってみよう

ネタを作るためには、書店に足を運んで、実際にどんな本が売れているのか見ることをお勧めします。繰り返しになりますが、投資として出版する以上、売れる本を目指すべきです。当然、**流行は押さえておく**必要があります。

最低でも週1回は書店に行って、気になる本を1冊は買いましょう。私は「出版する」と決めたときは、毎日書店へ足を運びました。今は1日に2冊、年に730冊購入して読んでいます。本に深く関わることで、出版の成功率を高めることができます。世の中の人はこんな本を求めているのか、という自分の外側にあるテーマの探求にもなります。また「このテーマなら自分も深く掘り下げて語れるかもしれない」という自分の内側のコンテンツに気付くきっかけにもなります。

まずは書店に行ってみましょう。

7

自分のプロデュースをしてもらう

どんな人にもコンテンツがある

「どうしても企画が思い浮かばない……」。そんな場合は、出版プロデューサーに考えてもらう手もあります。

こんなふうに書くと「それは自分の本と言えるのか？」と思われるかもしれません。

しかし、**企画を考えるためだけにたくさんの時間をかけて、本業がおろそかになってはいけません**。それに、出版は投資ですから、始める時期が遅れるほどリターンを受け取るタイミングも後になってしまいます。

出版プロデューサーはあなたの本業の話を聞き、あなたの人となりを見て「あなたの中にあるコンテンツ」を見つけるプロです。

故ジャニー喜多川氏や秋元康氏のような名プロデューサーと言われる人たちは、個人の中に眠っている魅力を見極めて輝かせるスキルを持っています。

プロに企画作りを頼むということは、一から企画をでっちあげるということではありません。**出版プロデューサーと呼ばれる人たちは、あなた自身が気付いていないあ**

なたの中のコンテンツを掘り起こしてくれるのです。

本作りはアイドル活動に似ている

それでも「自分に大したコンテンツ力はない……」と思っているかもしれません。

しかし、プロが見れば何か輝いたものが見つかるものです。

どんな人の中にも、1冊の本を書けるだけの何かは眠っています。本業で結果を出して出版に投資できるくらいの実績を残している人ならばなおさらです。

例えば、歌が上手くないアイドルでも、ダンスができるとか愛嬌があるとか、それらを含めた総合的なかわいさがあるとか、何か魅力があれば人気が出ますよね。

出版も同じことです。「圧倒的な実績」とか「誰も経験したことがないような壮絶な人生」といったキラーコンテンツがなくても大丈夫です。誰かの共感を生む価値ある1冊は作れます。

むしろ、**プロに見てもらうことで、自分の認識とは違う魅力的なコンテンツが見つかる**ことも往々にしてあります。

例えば、歌が好きでアイドルになったけれど、実はトーク力が圧倒的に優れていた子がいたとします。その子に対してバラエティ番組の仕事を紹介してあげるのがプロデューサーの役割なわけです。

ダメな自分でも良い

本を作るとなったら、できるだけ強力なコンテンツを提供したいと思うでしょう。確かに、業界ナンバーワンの売上実績とか、カリスマ営業マンの成功ノウハウみたいな本は売れます。

逆に**「自分のダメさ」を売りにした本というのも人気があります**。

全然ダメな人間だったけれど努力や意外な方法で逆転して大成功したとか、勉強や仕事など日常生活はダメだけれどこれだけは得意だったというのも立派なコンテンツだからです。

むしろ、そういった**人間味のある話の方が、あなた自身にファンがつきやすいこともあります**。

私も偏差値35のヤンキー高校出身で、優秀な人間では全くありませんでした。そこから何とか人生を逆転したいと思い、一念発起して受験勉強に取り組んだ結果、立命館大学に合格し、大学在学中に公認会計士試験に合格しました。

このような実際に人生で起きたストーリーを書いたところ「自分も人生を逆転させたい」という人から共感してもらえて、問い合わせも増えました。

きっとあなたの中にも、本となったときに誰かの心を動かすことができるストーリーが眠っているはずです。

8

とにかく時間をかけない

6カ月くらいあればできる

ここで一度、出版投資をしてみようと決めてから実際に本が出版されるまでの流れをまとめてみたいと思います。

出版までの動きを大きく分けると次のようになります。

①出版プロデューサーに依頼
②企画作成
③版元（出版社）決定
④取材
⑤原稿の確認作業

①の出版プロデューサーさえ見つかってしまえば、あとは比較的スムーズに進むはずです。おおむね半年程度で出版することができるでしょう。**長くても8〜10カ月程**

度というのが一般的なのではないでしょうか？

ただし、これは良い出版プロデューサーが見つかった場合の話です。

例えば、セミナーなどで得た知識をもとに独力で出版しようと思った場合、まず③の版元（出版社）の決定が困難になります。企画書を送っても返事がなかったり、運よく連絡が来て修正したものを出しても承諾をもらえず何度も作り直したり……。②と③の行き来だけで何年もかかる人もいます。

先ほども述べた通り、**一般的にプロデュース料はセミナーの受講料より高額になります。ただ、出版できるまでセミナーに通い続けるための金銭的、時間的なコストなどを考えてみてください**。

トータルで見ると、最初から出版プロデューサーに依頼した方が安くなるケースもよくあります。

半日以下で作る人もいる

制作に半年かかるといっても、その間ずっと忙しいわけではありません。

私の場合、まずは出版プロデューサーと打ち合わせをして、そこで出たアイデアをもとに編集者に企画書を作ってもらいます。

次に企画が決まったら取材が始まります。ここが、一番著者がリソースを割くべきところです。プロジェクトがスタートしてから大体2〜3カ月目でしょうか。

取材の時間は著者やテーマによって変わるでしょう。私の場合は、1回2〜3時間の取材×4回程度で終わることが多いです。

取材が終わると、ライターが原稿を執筆する作業に入ります。ここで一旦作業は著者の手を離れます。原稿ができ上がったら、内容の確認作業に入ります。原稿の修正と確認を何度か繰り返し行います。これがスムーズに進めば、そのまま出版という流れです。

まとめると、**取材が10時間前後、その他の打ち合わせや確認作業に5時間で、1冊の本の制作に割く時間は15時間程度**です。

とはいえ、内容については私が常に考えていることや工夫していることです。すでに何十時間どころか何年もかけて作り上げたものですから、取材や原稿を確認する段階で大きな修正を加える必要はありません。

有名な著者の中にはほとんど取材をせず、メルマガなどの発信内容や講演などで話している内容をもとにライターが原稿を書き、最後に自分が修正を加えるだけという作り方をする人もいるようです。これなら、著者は10時間程度を作業に割くだけで済むかもしれません。

これは本の制作に慣れた人のケースです。

出版が初めての方は、まず1冊30時間を目指すと良いと思います。月3時間以上、出版のための時間を作るようにします。

どうでしょうか？　これならばどんなに本業が忙しい経営者であっても、本を出せる気がしてきませんか？

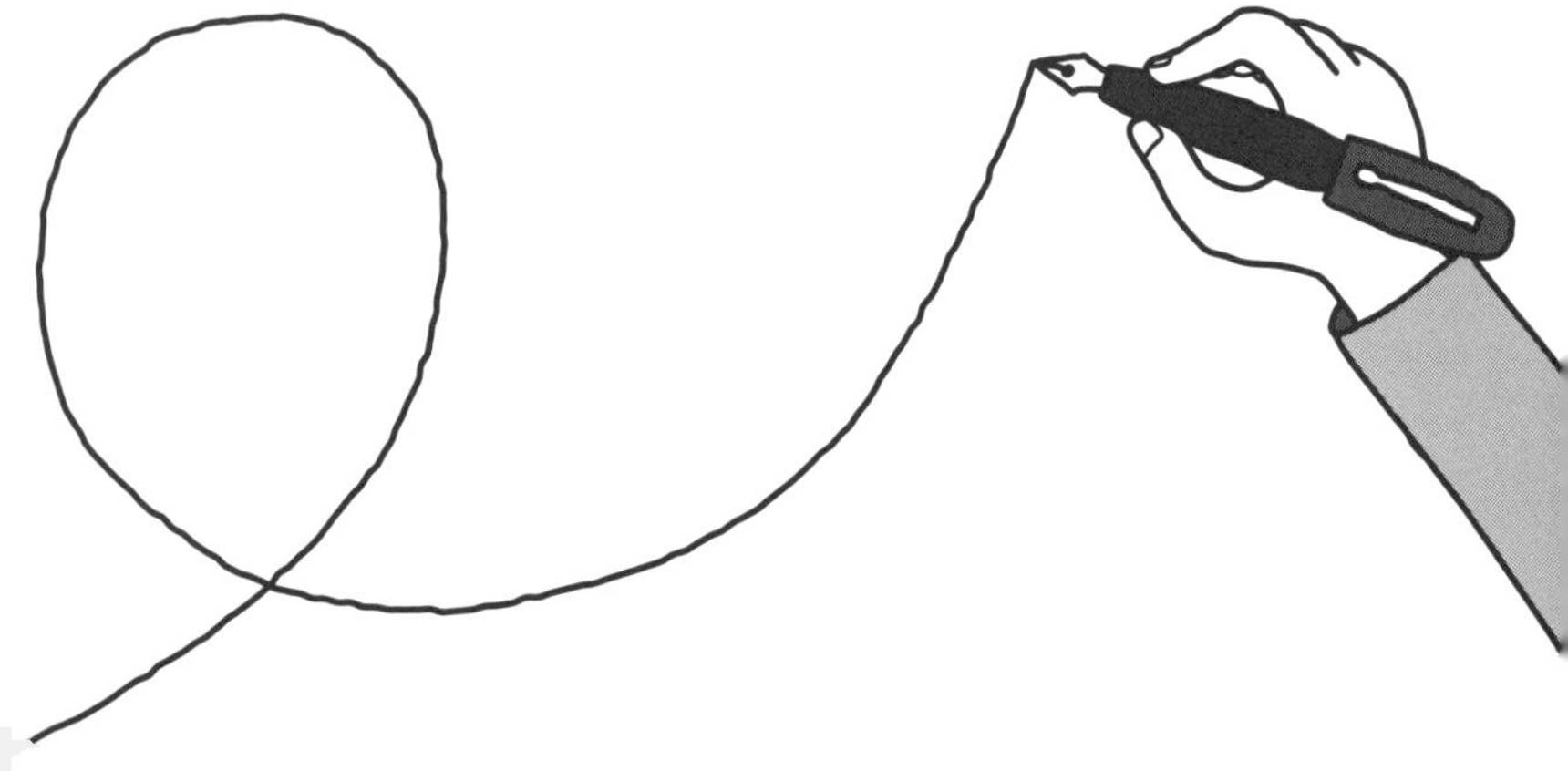

第３章　売れる本を作るには？

1

「良い本＝売れる本」ではない

売れる本とは何か？

第2章で「出版を投資と考えるなら、売れる本を作らなければいけない」とお伝えしました。**本がたくさん売れれば売れるほど、より広い範囲に広告が行き届くのと同じことになります。当然、マーケティングの効果は高まります。**

出版投資をしてみようと思う人は「売れる本」作りを目指しましょう。

ところで、売れる本とはどんな本でしょうか？

- **実生活に役立つノウハウが紹介されている本**
- **人生が変わるような新しい考え方が書かれた本**
- **話の続きが気になって時間を忘れて熱中してしまう本**

いかがでしょうか？「売れる本とはどんな本か」というのが第3章のトピックです。

一緒に考えてみましょう。

内容が良いのは大前提

第2章では「読者の利益になる本を作りましょう」という話をしました。すなわち「作るなら、**内容が良い本にしましょう**」ということです。

しかし、内容が良ければ売れるかというと、そんな簡単な話ではありません。

例えば、100％デタラメが書いてある本や読者の9割が納得できないような理論が展開されている本など「明らかに内容が悪い本」というのは、ほとんど存在しないでしょう。

世に出回っている本は全て、ある程度その道に精通した専門家が書いています。内容が良いのは当然なのです。

では、どうやったら内容が良い本の中で他よりも売れることができるのでしょうか？　そこで、**重要なのはマーケティング思考を持っているかどうか**です。

ここで言うマーケティング思考には、大きく次の二つがあります。

①出版後のプロモーションに力を入れる

第１章で解説した『お金２・０』の電車広告に代表されるような、著者がコスト負担する形の販促を行うことです。

どのような種類があるか、どれくらいのコストがかかるかについては、この後私の実例もふまえて解説していきます。

②タイトルや表紙、帯などを工夫する

あなたが書店で全く馴染みのない分野の本を買うとき、いや、そもそも本棚から本を取るとき、まず注目している情報は何でしょうか？

そう、タイトルと表紙です。

内容がどれほど良くても、タイトルや表紙・帯といった、初めに目に飛び込んでくる情報で読者の気持ちを引き付けることができなければ売れません。

とはいえ、実はタイトルは編集者が決めることが大半です。著者としてアイデアを出したり、いくつかある選択肢の中から選んだりすることはあります。しかし、最終的な決定権は出版社側が持っていることが多いようです。

表紙についても、著者が選べないという出版社も多いのです。タイトルや表紙などの装丁について、著者の力でどうにかできる部分は大きくありません。

しかし、編集者は本を作るプロです。そして、出版社には、売れるタイトルや表紙作りのノウハウがあります。基本的には任せた方が無難でしょう。

著者はプロモーションに力を入れる

したがって、著者が積極的かつ自由にできるのは、①のプロモーションです。

そもそも本の制作全体を通してみても、企画は出版プロデューサー、執筆はライター、デザインや文章の修正などは編集者にお任せします。著者ができることは、できる限り良いコンテンツを提供することと、出版後のプロモーションに力を入れることくらいです。

そして、先ほどもお伝えした通り、コンテンツは「良くて当たり前」の世界です。それに、今自分にある以上のものは提供できません。

あと、**著者の力で売り上げを伸ばすことができるとしたら、圧倒的にプロモーショ**

ンが占める割合が高いのです。

プロモーションにも、さまざまな方法があります。単に広告を出す以外に、一般的にはあまり知られていないものもあります。

初めて出版する方や今までプロモーションをしたことがない方は「どれくらいのコストがかかるのか？」も気になるところでしょう。

第3章では出版後のマーケティングについて、これまで36冊以上のプロモーションを行ってきた私のノウハウを全てお見せします。

2

絶対に売れるためには「出し続ける」こと

いつもベストセラーじゃなくても良い

ベストセラーのビジネス書を作る方法は誰にもわかりません。これまで36冊以上を出版してきた私も、毎度手探りのような状態です。

ただ、自分の本を少しずつ「売れる本」に近づける方法はあります。

それは**本を「出し続ける」こと**です。

本をたくさん出すと言うと「何十万部の大ヒットを連発して、作家として大成功する」ことを想像するかもしれません。もちろんそうなれば最高ですが、**仮に1冊あたり1万部の売り上げであっても、10冊出版すれば10万部になります。１００冊出版すれば、１００万部の売り上げ**です。

もちろん、私は1冊1冊の本をベストセラーにしたいと思って、全力で作ってきました。しかし、長期的なプランとしては「累計１００万部」を目指しています。

「単体で１００万部のベストセラーを出す！」というのは、オリンピックでメダルを取ろうとするような壮大な夢です。しかし、１００冊で１００万部であれば、コツコツと努力を積み上げていけば、手が届くでしょう。

出版は未知の世界に思われるかもしれませんが、事業を盛り上げるための施策の一つとして考えてみてください。

毎年堅実に利益を出し続けている会社なら、常に同じ媒体に広告を出していることも多いと思います。多くの人の目に長期間触れていることを目指すという点では同じことです。

定期的に自分の本を出版し続けていれば、そのうちの1冊が誰かの目に留まり、本業に貢献してくれるチャンスも増えるというわけです。

自分のファンを増やそう

また、1冊の売り上げを伸ばすには、たくさん本を出している著者が有利になります。私自身も2冊目、3冊目を出すにつれて売り上げが安定するようになりました。

その理由はいくつかあります。

一つは固定ファンが付くこと。例えば、音楽を聴いていて、好きなアーティストを見つけたら、そのＣＤを２～３枚まとめて買うことがあると思います。

同じように、**偶然手に取った１冊に共感した読者は、その著者の他の本も購入してくれる**ことがよくあります。

しかも、そうして**２冊３冊と読んでくれた人は、すでにあなたの熱烈なファンです。何かしらの形で本業にも貢献してくれる確率が高くなります。**

先ほどの音楽の例で言えば、ＣＤを何枚も買ったファンがライブに来てくれたりグッズを買ってくれたりすることと同じなのです。

あなたのファンを増やして事業を加速させるためにも、本を書き続けることがポイントになります。

省エネ化を目指す

しかも、本を作れば作るほど、そのノウハウは自分の中で蓄積されていきます。

取材にどのように答えれば良いか、あらかじめどんな資料を作っておけば自分の考えが伝わりやすいか。**出版についてさまざまなことがわかるようになると、１冊を作**

るのに必要な自分のリソースが削減できます。

私の場合はライターや編集者は、すでに1回以上一緒にお仕事している人であることが多いのです。そのため、コミュニケーションコストも大きく削減できています。

また、広告の出し方などについても、自分に合っているもの、自分の事業にとって効果の高いもの低いものがわかってきます。今は初めよりも低コストで同等以上のリターンを得られるようになってきました。詳細はこの後お話しします。

ぜひ「本を出す」ことではなく「本を出し続ける」ことを目標に、出版投資に取り組んでください。

3

書店に「自分の棚」を作れ

一つの棚には1000万円の価値がある

では、どれくらいのペースで何冊の本を出せば良いのでしょうか？

私がよくアドバイスするのは**「書店に自分の棚を作れ」**です。書店に行くと、棚に著者の名前が書かれたPOPが刺してあって、その著者の本がまとめられているのを目にしたことがあると思います。

あくまでも私の体感ですが、**ある程度大きな書店に「金川顕教コーナー」を作ると、1年間で1書店あたり1000万円くらいの価値を生み出す**ように思います。すなわち、自著コーナーを作るのに1000万円以上かけても、簡単に本業でペイできてしまうということです。

もし各都道府県の大規模書店に一つずつ、合計で全国に30～50個程度の「金川顕教コーナー」を作ったら、年間3～5億円ほどの資産価値と広告効果があると本気で感じています。

仮に1冊出版するのに、広告まで含めて500万円かかったとします。すると、10

冊作るのに５０００万円。大変な金額と思うかもしれません。しかし、その10冊で全国の書店の棚に自分の専用スペースを設けることができたら、十分にリターンがあるというのが私の考えです。

ずっとお店に置いてもらえる

なぜ自分のコーナーができることに、それほどの価値があるのでしょうか？　その説明の前に、書店の仕組みについてお伝えしなければいけません。

書店は他分野の小売店と違って、自分たちで在庫を持つことがありません。売れない本は出版社に返す（これを返本と言います）ことができるのです。出版社が抱える在庫を代理で販売していると考えるとわかりやすいかもしれません。

さて、自費出版と商業出版という出版のスタイルの紹介をしたとき「出版投資の効果は書店に自分の本が置いてあるから享受できるのだ」とお伝えしました。

つまり、**せっかくお金をかけて出版しても返本されてしまったら意味がない**のです。

もちろん、今の時代はAmazonなどもあるので、返品されてしまったからと言って、本の売り上げや露出がゼロになるということではありません。それでも全体の売り上げの9割以上は、リアルの書店から生まれると思って間違いないでしょう。だから、ほとんどの書店から返本されてしまうと、**せっかく投資して行った出版の効果の90%が喪失したようなことになります**。

書店の立場からすれば、売れない本はどんどん返本して店内を売れる本でいっぱいにして、どんどん利益を大きくしたいでしょう。

そして、書店はそのような判断を過去のデータから行います。

これまでにたくさん本を出していて、いつもある程度の売り上げを出している著者であれば「この人の本は安定して売れるから置いておこう」となります。新刊が出れば「いつも売れる人の本だから今回も仕入れよう」と思うはずです。

すなわち、**書店の棚に少しでもコーナーが作られるような作家になれば、返本される確率が大幅に下がります**。長い期間、自分の本を書店に置いてもらえるのです。

つまり、1冊ごとの投資に対するリターンが非常に大きくなります。どんなに良い本であっても、読者に見つけてもらえなければ売れることはありません。

そして、本を人に届けるまでの最初のステップは書店に置いてもらうこと。さらに、できるだけ多くの人の目に触れるためには「自分のコーナーがある」ことが、非常に重要となります。

自分の棚を作るには？

では何冊本を出したら、書店の棚に自分のコーナーができるでしょうか？

もちろん数だけ増やしても、売れなければ意味がありません。それぞれが最低限の売り上げを出すとして、**少なくとも5冊、できれば10冊くらいは欲しい**ところです。

ただいきなり、私のように「毎月出版する」というのは、現実的ではないでしょう。

まずは、**年に2冊ペースで出版する**ことを目指してください。早ければ3年目、遅くても5年目くらいで、全国の書店に自分の棚を設置することを目指しましょう。

第2章で述べたように、本を1冊作るのにかかる期間は半年程度です。年に2冊なら「1冊作り終えたら次の本作りを始める」という流れになります。

これなら「本業に力を入れられないくらい大忙し」ということにもならないでしょう。その意味でも適切なペースであると思います。

4

出版社から「もっと出したい」と思われる著者になれ

売れない著者の本は出せない

「コンスタントに本を出そう」と書きました。しかし、当然自分が出したいと思うだけでは商業出版はできません。

本を出せば売れるなんて時代は、とうの昔に過ぎ去りました。今はなかなか本が売れない……。出版業界が厳しい状況にあるのは、ご存知のことと思います。

そんな状況の中でも安定して商業出版を続けるためには、出版社から「この作家の本をもっと出したい」と思われなければなりません。つまり、**あなたの本を読みたいというファンを増やすことが重要**なのです。

そのためには、適切な行動を取っていく必要があります。

商業出版を続けるためには何を目標にするべきか、出版社にどのようなアクションを起こすべきなのか、などなど。これから説明したいと思います。

ファーストステップは「1回目の増刷」

近年、初めてビジネス書を出版する場合、初版はおよそ5000部が平均的な数字かと思います。

発売当時からある程度売れて初版分の在庫が減っていくと、出版社は追加で印刷、つまり増刷します。**まずは、1回増刷されることを目標としましょう**。

増刷がかかるということは、ひとまず出版社側がその本を出したことで、大きな赤字にはなっていないということです。すると「次も出しましょう！」と声がかかりやすくなります。増刷がかかる作家とかからない作家では、出版社からの信頼は大きく違ってきます。

もちろん、初めから5万部、10万部のヒットを出せれば一番良いでしょう。しかし、これから出版に挑戦する人が現実的な目標として強く意識すべきなのは、1回目の増刷だと言えます。

増刷するためには、初速の売り上げを作ることが重要です。

しかし、ただ出版しただけで、発売当初から簡単に売り上げが伸びることはありません。毎月毎月さまざまな出版社から、数えきれないほどのビジネス書が出版されているからです。その中で目立つためには、広告や営業をしっかり行う必要があります。とはいえ、出版社はその数えきれないビジネス書の全てを売らなければいけないわけです。その中でも、売り上げが見込めそうなものを中心に販促を進めていきます。まだ実績のない新人作家の本の販促に、多額の予算を割くことはできません。

ではどうするか？　著者自ら、広告を打つのです。

たくさん宣伝するのは「汚い」？

第1章で『お金2・0』の例を出した通り、近年ビジネス書の著者が自ら広告を出すのは一般的なこととなっています。

昔はそのようなやり方は「汚い」「内容で勝負すべきだ」という向きもあったようです。

しかし、今では比較的オープンに広告を出す著者や出版社も増えてきました。

まずは、**著者がしっかり広告費を出して販促活動を行い、売り上げを作ることで、パートナーである出版社を儲けさせてあげる。そうして信頼関係を築きましょう。**

その上で、5冊、10冊と出版を続けることができれば、その頃には、自分の本業に大きなリターンが返ってきていることでしょう。

こんなふうに長期的な視点で行うのが、出版投資を成功させるコツです。

5 広告は自分で打つ

まずは手軽にできるAmazonの広告から

ではどんな広告にどれくらいのコストがかかるのか？　そして、どれくらい効果があるのか？　これまでの私の経験から価値があったと思うものをご紹介します。

まず、**最も手軽に出せる広告の一つがAmazonのスポンサープロダクト広告です**。

先ほど、Amazonの売り上げは書店よりも小さいと書きました。それでも全体の売り上げとして見たら、その規模は馬鹿になりません。また、書店に本を置いてもらうためには、Amazonランキングなどの実績が有効となることがあります。

Amazonのスポンサープロダクト広告は、自分で予算を決めて費用を支払うと、Amazon側がＡＩで判断した「効果があると思われる」ユーザーに対して、自動で広告表示をしてくれるサービスです。**コストを自分で決めて低額から始められるため、あまり広告費をかけられない場合も手軽に実行することができます**。

また、新聞広告などのマス向けの広告と違って、ある程度相性が良い相手に絞ってアプローチしてくれます。例えば、普段からビジネス書を買っている男性とか、30代で特定のキーワードで検索している人など、**読者層に近い属性を持つ人を狙い打てるため、費用対効果が高い**のが特徴です。

一例として、これまで私が行ったプロダクト広告の実績をご紹介します。

例①　『人もお金も動かす超スゴイ！　文章術』（すばる舎）

発売してから直近の１カ月間で、広告費として１万４１７１円かけました。

その結果、Amazon で56冊売れました。１冊１５４０円なので、売り上げは８万６２４０円です。

例②　『稼ぐ話術「すぐできる」コツ　明日、あなたが話すと、「誰もが真剣に聞く」ようになる』（三笠書房）

こちらは発売後の直近１カ月で、広告費としてかかったのは３万４８００円。

その結果、94冊売れて、14万４７６０円の売り上げになりました。

こういった数値をもとに、Amazon での販促を続けつつ半年ごとに１冊ずつ出版していった場合、どのくらいの予算感になるかシミュレーションすることもできるでしょう。

新聞広告で出版社や書店にもアピール

その他、ビジネス書の広告としてよくあるのは、日本経済新聞への広告掲載です。**日本経済新聞の読者はビジネスマン、しかもある程度意識が高い人が多いため、ビジネス書と相性が良い**と言えます。

値段はタイミングなどによって異なる可能性もありますが、半五段と呼ばれるサイズで、大体200〜400万円くらいかかります。

半五段は紙面の縦を15分割したうちの五段分、横が全体の半分の大きさです。よく新聞の記事の下3割くらいのスペースに広告が掲載されていますよね。あのスペースを縦に2等分した範囲だと思ってください。この**日本経済新聞への広告掲載によって、潜在読者への周知を図ることができます**。

さらに、**書店の方への営業にもなります**。

先ほども書いた通り、書店はできる限り売れる本しか店内に置きたくないと考えています。

だから、新聞広告を出していると「広告が出ている分、他の本より露出が多い。他にも仕掛けを打っているかもしれない。出版社、著者自身にも売る気があるのだろう」と考えてくれるわけですね。

新人のうちは、自分の本をいかに書店に置いてもらえるかが重要です。

少し値段は張りますが、最初の1～2冊だけでもやる価値はあると思います。

電車広告でビジネスマンを取り込む

新聞広告よりさらに値段が高いのが、電車広告です。

『お金2・0』の例では、販促に5000万円かけていましたね。掲載する期間にもよりますが、都内の主要路線であれば、数千万単位の費用が必要となることもあります。

かなり大きな投資になりますね。

しかし、**都内の電車には毎朝数えきれないほどのビジネスマンたちが乗っている**わけです。それだけ多くの人に訴求できるのですから、効果は高いでしょう。

広告には「セブンヒッツ理論」というものがあります。

人はその商品の情報に7回触れた後に、その商品が並んでいる売り場に行くと購入する確率が高くなるという理論です。毎日の通勤電車であなたの本の広告を何となくでも見ていると、書店でその本を見つけたときについ手に取ってしまうということですね。

通勤には毎日同じ路線を使うため、このセブンヒッツ理論を満たしやすいはずです。その意味でも価値があります。

かなり高額の投資になりますが、電車の中にあれだけたくさんのビジネス書の広告があるのは「その価値があると考えている著者や出版社が多い」ことの証明でもあります。

道行く人の目にも触れる「アドトラック広告」

少し変わった広告として「やって良かった！」と思うのが、アドトラック広告です。街で**車体の側面に商品の広告が大きく掲載されているトラック**が走っているのを、見かけたことはないでしょうか？

業者や走らせる期間によって価格は変わりますが、1～2週間で200～300万円程度が相場です。

以前、私は出版直後に2週間走らせたことがあります。すると、その結果2万部を売り上げることができました。

1回だけで安心しない

広告の出し方として、大切なのは1回で終わらせないということです。

先ほどのセブンヒッツ理論もそうですが、**消費者は広告を1回見ただけですぐに**

「よしこれを買おう」とは思わないものです。

新聞や電車の広告で何となく見覚えがある、Amazonを使っているときに広告が表示されたからあらすじだけ見てみる、さらに数日後に書店でその本が平積みになっているのを見つけて手に取ってみる……。

このように、**さまざまな広告の合わせ技の結果、購入してもらえるケースが多い**のです。

確かに、7回も広告を打つとコストは膨らみます。ただ、発売直後に1回、少し間をおいてもう1回、というふうに2度広告を出すことができれば、効果は非常に大きくなります。

新聞や電車などに1回広告を出したからといって安心せずに、定期的に出していきましょう。

6

販促力で次につなげる

「売る姿勢」を見せる

先ほど、日本経済新聞への広告は書店に対する営業にもなるという話をしました。本を売るために、**消費者以外の人の目も気にするのは非常に重要なこと**です。すでに実績がある著者であれば、書店は「ああいつものこの人ね」という感じで自動的に入荷してくれます。しかし、これから初めて出版する新人の場合、そうはいきません。

そもそも書店に置いてもらえなければ、返本されるよりもっと悪い結果になります。しっかり広告を出して**「私たち（出版社や著者）は売る努力をしています。この本であなたのお店に利益を出します」という姿勢を示すことが大切**です。**同じことは出版社に対しても言えます**。しっかりと広告にお金を出して売る努力をしてくれる著者なら、出版社は次も一緒に仕事をしたいと思うでしょう。場合によっては、他の出版社の編集者の目が広告に留まり、声をかけられることもあります。

また、出版社には毎月多くの企画書が届くと書きました。

ただ、この出版不況の中で、コンスタントに売り上げを出せる著者は稀です。編集者は苦しい条件下でも売れる企画や著者を常に探しています。

例えば、あるとき編集者が日本経済新聞に掲載されているあなたの本を見つけたとします。売り上げを調べると、そこそこ売れているよう。そうなれば**「今回の販促で認知度も上がっただろうから、次の本もきっと売れるに違いない」と考えてくれる**ことだってあります。

また、著者がFacebookやTwitterなどで、しっかり宣伝していれば、それを見た編集者は「この人は自分でも売る気がある」と思ってもらえるでしょう。

数字を出すと「強い企画」になる

また、企画を出す段階で「これくらい広告費をかけます」と言えば、**企画が通りやすくなる、すなわち出版しやすくなる**こともあります。

もちろん、基本的に出版社は企画の内容を重視しています。それを前提に、さまざまな広告を打つことで成功率を高めることができます。そこに投資する著者であれば、売り上げの見込みを立てやすくなるでしょう。

私はビジネスマインドの本の中でよく**「GIVEの精神を持て」**と伝えています。自分が有益な情報を得たいなら、普段から情報発信をして誰かに情報を与える。自分が儲けたいなら、まず誰かを儲けさせるために尽力する。

そうやって人に与えることを意識していると、自然と周りには自分に何かを与えてくれる人が集まります。

出版も同じで、**まずは「本をたくさん売って出版社を儲けさせよう」「書店を儲けさせよう」と考えて行動することで、継続的な出版の実現、最終的には自分の本業の利益につながる**でしょう。

広告は消費者に向けたものだけでなく、出版社や書店に対するアピールでもあるということを覚えておきましょう。

1万部は販促の力でいける

私の経験上、5万部、10万部のヒットを作るのは簡単ではありません。

しかし、**１万部くらいなら販促にしっかりお金をかければ比較的達成しやすい**ものです。

以前にも書いた通り、ビジネス書の初版部数は大抵５０００部程度になります。だから、２刷、３刷と増刷を重ねて１万部売ることができれば、少なくとも**２～３冊目の出版につなげることができる**でしょう。

すなわち、販促さえしっかりやれば「書店の棚に自分のコーナーを作る」という最終目標もそう難しい話ではないのです。

7

1冊に最低でも500万円はかけろ

「書いて終わり」で良いのは専業作家だけ

ここまで著者自らマーケティングに力を注ごうという話をしてきました。

通常の作家であれば、素晴らしい内容の物語を書き上げたところで仕事は終わりかもしれません。しかし、ビジネス書作家であるのならそうはいきません。

物書きとして印税を受け取るためだけではなく、自分の本業を伸ばすためにやっているのですから、**出版後のマーケティングまで作家自身が販促チームの一員となって行うべき**なのです。

わかりやすい例として、Instagramをやっている人でも、ただ何となく良い写真をあげようとしている人と、上手にタグを利用して拡散されるように工夫している人とでは、フォロワー数の伸び方に圧倒的な差があります。

本を作ることは、Instagramで言えば写真をアップする行為です。

写真をアップした上でタグなどのInstagramの仕組みを理解しなければ、フォロワー数は増えません。それと同じように、出版と書店の仕組みを理解して適切な投資をしなければ本の売り上げも伸びません。

お金をかけるところを間違えない

実際にマーケティングを含めたら、出版にはどれくらいの金額が必要になるのでしょうか？

ただ、広告などはお金をかければかけるほど露出が増えます。極論を言えば、青天井です。それでも、私の基準としては、**1冊につき最低でも500万円くらいはかけるべき**だと思います。

まず、出版プロデューサーを通して本を出版するまでにかかるコストが、おおむね300万円程度です。

もちろん、誰に依頼するかでこの金額は大きく前後します。しかし、ここを節約したせいで出版そのものが立ち行かなくなってしまったら意味がありません。しっかりコストをかけましょう。

ただ、これだけで終わらせてしまうと「記念出版」止まりです。**有能な出版プロデ**

ユーザーに任せた上で、しっかりマーケティングにコストをかける。

500万円程度の投資は、想定した方が良いでしょう。

さらに1000万円、1500万円くらいかけることができれば「1万部以上売って継続的に出版し、本業でリターンを得る」という意味での成功にかなり近づくと言えます。

売るためのベストを尽くす

私の場合、最初の頃は毎回1000万円ほどかけていました。

特に、日本経済新聞には他社の編集者の目に留まるよう「本が売れなくても良いから」という気持ちで毎回広告を出すようにしていました。

そうやって**さまざまな広告を出したおかげで、その後いろいろな出版社から出版できるようになった**わけです。

今ではありがたいことに固定の読者もいます。書店の棚に自分のコーナーもできつつあります。数百万円程度の投資も十分に効果を得ることができているわけです。

一見すると、高額な投資に思えるかもしれません。

しかし、第1章で述べたメリットを思い返してみてください。**一つの事業にかける広告費くらいの額で多くのメリットを享受できる**わけです。決して大きすぎる金額ではありません。

ビジネス書の著者の中には、本を売るために1億円近い費用を払う人もいます。私もこれまでの累計で見れば、それくらいはかけているでしょう。

その人たちは別に趣味で本を出しているわけではありません。**費用分を回収する自信があるから投資している**わけです。

もちろん実際にどれくらいのコストをかけられるかは、現在の経済状況にもよるでしょう。

私の知り合いで、当時年収200万円の状態でしたが、ちょっと無理をして出版した人がいます。しかし、そのおかげで年収が1000万円になったのです。

重要なのは、自分なりのベストを尽くして「本を売る」ために努力することです。その姿勢を見ている人たちは必ずいます。彼らはあなたに次のチャンスをくれることでしょう。

8

本の売り上げは本命のビジネスに直結する

出版による求人はリーズナブル

ここまで出版投資のメリットを書いてきました。ただそれでも「本当に300万円以上かける価値があるのか？」と思われた方もいるかもしれません。

そこで、今回は出版の価値を数字で具体的に比較してみようと思います。

とはいえ、ブランディング効果はなかなか数値化するのが難しいものです。また、集客に関しては業種によって数値の捉え方が変わります。

そこで、まずはどの事業の経営者にも身近で参考にしやすい数字から考えてみようと思います。つまり、求人にかかるコストで比較するのです。

結論から言うと、**出版はブランディングや集客のメリットを度外視しても、求人にかかるコストだけでお釣りがくる**、と私は思っています。

「出版と求人と、どうして関係があるの？」思ったでしょうか？　とにかく、一度見てみましょう。

採用活動する必要がなくなる？

例えば、大手の求人サイトに求人広告を掲載する場合、地域や期間にもよりますが、一般的に月に50万～１００万円ほどの掲載料がかかります。

仮に１年間通して広告を出す場合、６００万～１２００万円ものコストがかかることになります。

まず、この時点で最低でも本を１～２冊出版できる費用です。

そして、**さらに重要なのは、求人広告は支払いをやめたらすぐに掲載がなくなってしまう**ということです。**それに対して、本はずっと残ります**。

実際私のところには、数年前に出版した本を読んだという方から「一緒に働きたい」という連絡が良く来ます。**3年や5年というスパンで見れば、コストの単純比較だけでも出版の方が有益であると考えられる**でしょう。

しかし、それだけではありません。出版の場合は第１章で書いた通り、求職者の質が高いというメリットがあります。

モチベーションが高い人が自然と集まる

私は質的な理由から、人材紹介や転職エージェントなどのサービスの利用はお勧めしていません。

これらのサービスを利用して採用した場合、採用した人の年収の30～35％程度をエージェントに支払う必要がありますから、コストは数百万円単位となります。

例えば、採用した人の年収が５００万円なら、エージェントに１５０万円支払う必要があるわけです。

そして、基本的に転職を考える人は、次のいずれかを基準に転職先を探しています。

- ●お金
- ●時間
- ●働きやすさ

つまり**「現状（給与、労働時間や勤務体系、職場の人間関係など）に不満があるから転職を考えよう」という動機から転職活動をしている**わけです。

もちろんこれらの動機から転職することは悪いことではありませんし、そういう目的で転職する人を批判はしません。

しかし、私のようなベンチャー企業の経営者からすると、「企業に貢献したい」というモチベーションを持つ人や「ゆくゆくは自分の事業を持ちたい」と願うくらい熱意と向上心のある人が欲しいのです。

転職サービスでは、仕組み的にそういった人材を見つけることが困難になります。労働集約型の仕事を頼むために純粋な労働力を確保したいのであれば、問題ないでしょう。しかし、コアメンバーとなり得る優秀な人材を探しているなら、そもそも転職系サービスは選択肢になり得ません。

お金以外の価値を伝えられる

優秀な人材を雇いたいなら、ヘッドハンティングという手段もあります。

ヘッドハンティングにかかるコストは、一般的にその人の年収1年分です。ターゲットは優秀な人材ですから、1000万円程度はかかると考えた方が良いでしょう。

すると、やはり**2冊くらい出版できるコストで雇えるのはたった一人**、ということになります。

本の内容や作り方にもよりますが、私の場合は出版によって平均してこれ以上の採用効果を得ることができました。

また、経営者の中には「優秀な人材やエリートと呼ばれる人たちは、プライドが高くて使いづらい」と考える人もいるようです。実際のところはわかりません。

しかし、少なくとも本を通して応募してくる人材はみんな私の考えに共感し、私のもとで働きたいと熱意を持ってきてくれる人なので、その心配はありません。

ここがヘッドハンティングと最も大きく異なる点ですね。

ヘッドハンティングは「今の会社よりうちの方が良い条件を出すから、こっちに来ませんか?」というオファーです。

もともと知らない会社に、報酬のみを期待して移るわけです。一緒に働いてみたら、どうしても相性が悪かったというケースもあり得ます。

最終的に売り上げアップへ

というわけで、採用のためにはどんな方法でも数百万～１０００万円程度はかかるものです。

それらを毎年払うことを考えれば「毎年２冊出版するのにかかるコストも、そう高いものではない」とご理解いただけると思います。

求人だけでなく、出版にはブランディングや集客など、本業の売り上げをアップさせる効果もあります。

本を出したせいで本業の売り上げが下がることは通常あり得ません。

すなわち、**通常の広告と出版を比較した際、求人効果が「同じくらい」だったとしても、本業での売り上げアップの効果を考慮すれば、間違いなく出版の方が良い選択になる**ということです。

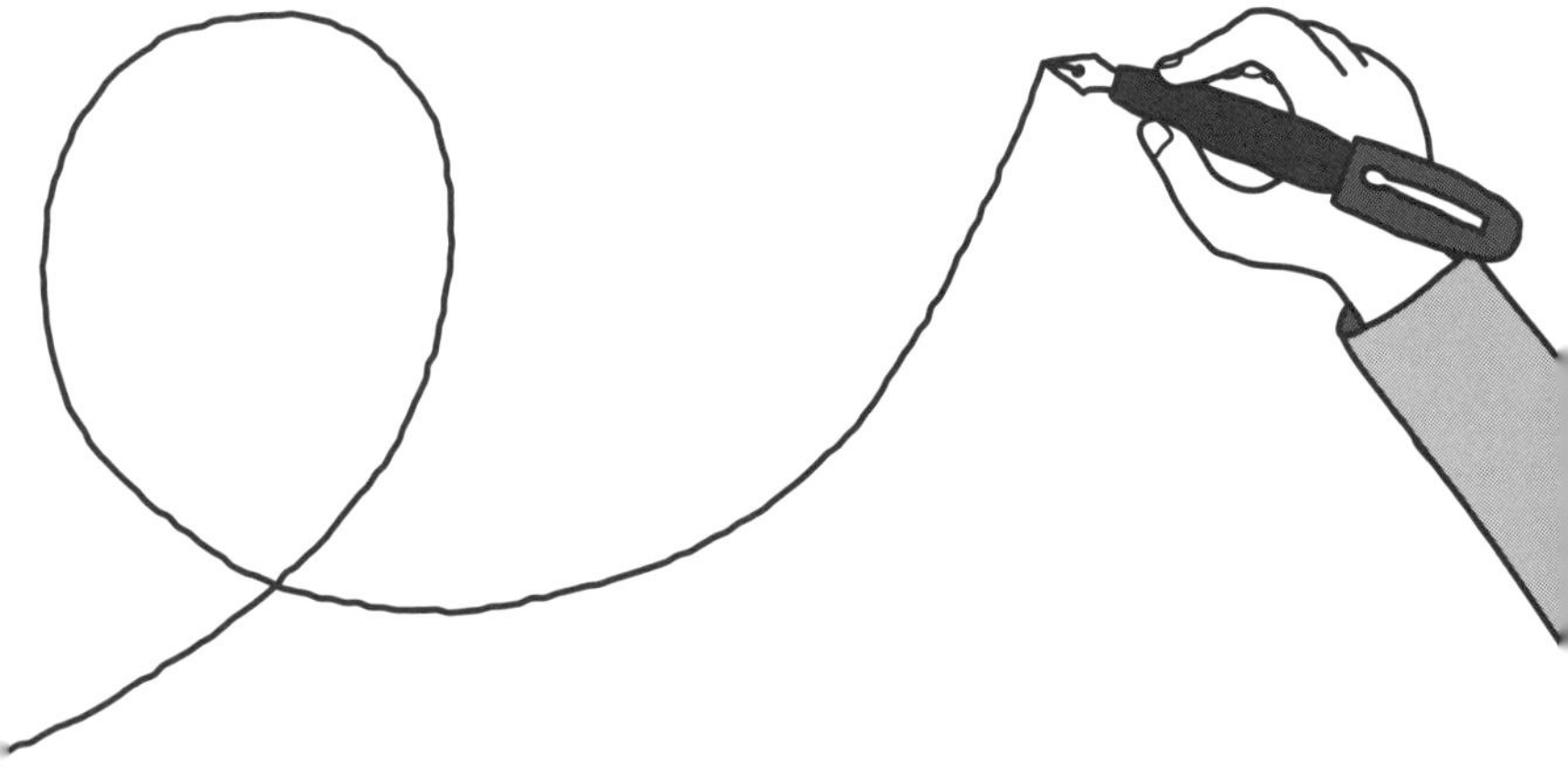

第4章　ビジネスを加速させる出版のメソッドとは？

1

出版の投資効果をしっかり理解する

どんな職種でも出版した方が良い

ここで、出版のメリットを改めてまとめてみましょう。

- **ブランディング効果＝あなた自身や会社の商品の価値が上がる**
- **求人効果＝意識が高く優秀な（一部上場企業並みの）スタッフを雇用できる**
- **集客効果＝インターネットを使ったリストマーケティングより、質の高い見込み客を獲得できる**
- **節税効果＝会社の将来のために投資をしながら効率的に節税ができる**
- **社員教育＝経営者の想い、求める人物像などを伝えることができる**
- **マーケティングスキルの向上＝自ら本を売る努力をすることで、市場を見る力が付く**

これらのメリットからわかることは、**出版の効果は業種を問わない**ということです。

ブランディングをして意味のない業種などありません。優秀な人材が不要な会社もないでしょう。集客にせよ、節税にせよ、あらゆる業種にとって価値のある投資であるというのが出版のすごいところです。

「出版の効果大!」な職業四つ

その中でも特に「絶対に出版すべきだ!」と思うのは、次のような会社です。これらの会社は「出版によって得られる価値が高い」と言えます。

①利益が出ている

何と言ってもまずはこれです。私は本業がまだまだ未熟な会社に対して「今すぐ出版しろ」とは言いません。

出版を望むなら、まずは本業を伸ばすべきです。**本業がある程度しっかり利益を生むようになったのであれば、出版投資をすることでより大きな利益を得られるようになる**でしょう。

そして、まじめにビジネスをやっていると、どこかで必ず伸び悩む時期が来ます。あるレベルまではノウハウやスキルによって到達できるものです。しかし、**さらにビジネスを伸ばしていくには、ブランディングが必要**ということはよくあります。そのとき、出版が役に立つのです。

また「利益が出ている＝投資ができる」ということでもあります。つまり、節税の重要性も大きいということ。

本書では1冊500万円を年2回、というペースの投資をお勧めしています。これくらいの額の投資ができるくらい利益が出ている場合、ぜひ出版投資を検討しましょう。

② 士師業

医者、公認会計士、弁護士といった士師業は、国家資格が必要な職業です。専門的な知識やスキルが必要となるため、比較的安定しています。しかし、逆にサービス内容で競合との差を付けるのが難しいという面もあります。私も会計事務所に勤めていたことがあるのでよくわかります。

デロイト トウシュ トーマツのように、そもそも存在自体がブランドとなっているならば、特別な対策は不要でしょう。

しかし、**一般的に名前を知られていない事務所などに勤める人が一流の「ブランド事務所」と対等に戦うには、出版によるブランディングが非常に有効**となります。

③ 単価が高いビジネス

例えば、不動産の販売や仲介を行っている人の場合、1回の受注で数百万円以上の売り上げが見込めることもあります。

つまり、こうしたビジネスを行っている人が**出版を通して1件でも受注できれば、出版にかかったコストをすぐにペイできる**ということです。

自分の扱う商材が高かろうが安かろうが、本の売り上げには関係ありません。

しかし、本を通してくる見込み客は、ここまで解説してきた通り非常に熱意があるため、成約率も高くなる傾向にあります。本業で大きな利益をもたらすことが期待できるわけです。

高単価のビジネスをやっている人ほど、出版を行う価値は高いと言えるでしょう。

④コンサルタント業

コンサルタントなどの「自分の考え」を売るビジネスをする人にとって、自分の思考を大いにアピールできる本は非常に相性が良いマーケティング手法です。

1冊の本には数万字の文字情報が詰まっています。**ホームページやメルマガなどとは比べ物にならないほど、あなたの思考をしっかり伝えることができます**。

そして、その本を経由してあなたのもとを訪れた方は、すでにあなたの考え、すなわち、あなたの商品やサービスを認めてくれているわけです。クロージングも通常の場合と比べて容易となるでしょう。

自分の考えを商品としている人たちにとって、出版は最高のマーケティングとなり得ます。

いかがでしょうか？　これらの事業に関わる方はぜひ出版を検討してみてください。

2

本を書く前にすることは二つだけ

出版プロデューサーに会いに行く

では、出版したいと思った人が初めにするべきことは何でしょうか？

まずは、出版プロデューサーを探すことです。

一言で出版プロデューサーと言っても、それぞれサービス内容も金額もまちまちです。とりあえずは、**めぼしい人を見つけて相談に行ってみる**のが良いでしょう。

そのとき、第2章で説明したような「実績」を必ず確認するようにしてください。

また、問い合わせする際には、**広告費についても聞いてみる**と良いでしょう。全体の予算感が把握できると思います。

これも繰り返しになりますが、出版セミナー通いは投資としての出版においてはお勧めしません。

第2章で述べたように、出版セミナーで学べる程度の知識は出版プロデューサーから直接得ることができます。実際に挑戦しないとわからないことも多いからです。

経験豊富な出版プロデューサーを見つけましょう。

自分の「棚卸し」を済ませておく

出版プロデューサーと会ってからは「どんな本を出したいか?」「どんな目的で本を出したいか?」という話になると思います。

私はたくさん本を出しているので、出版希望の方のお話を聞くことがたくさんあります。どなたも、何となく「出版って良さそうだ」と思って来てくださるのでしょう。

しかし、実際に話を聞いていると、作りたい本の内容や本を出す目的が明確になっていないことが多いと感じます。本人の書きたい内容や目的がわからないと、私もアドバイスのしようがありません。出版プロデューサーも同じように感じるでしょう。

本の内容も出版の目的にも正解はありません。極論を言ってしまえば「自分は儲けなくて良いから記念出版がしたいのだ」という人がいてもそれはそれで良いわけです。

出版によって求めるゴールを達成するためにも、自分の気持ちをしっかり整理してから相談するようにしましょう。

具体的には、次のようなことをきちんと伝えるようにする必要があります。

- 自分の経歴
- 出版の目的
- 自分の能力、持っているコンテンツ
- これからやりたいこと
- ターゲットを誰にするか
- 世の中に何を伝えたいか

このあたりは最低限、しっかり整理して伝えられるようにしておくべきです。

出版経験が豊富で優秀な出版プロデューサーであれば、これらの情報に合わせた企画や出版プランを（最初はたたき台だとしても）すぐに出してくれるでしょう。

3

リソースは最小限にとどめる

かけるのはお金だけ

第2章でお話ししたように、プロデュース料や広告費に関してはできる限りしっかりと投資すべきです。しかし、お金以外のリソースはなるべく少なくしましょう。それが出版投資のキモです。

なぜかというと、一つはこれまでも言ってきたように、あなたには本業があるから。本業を伸ばすために出版するのに、そのために多くの時間を割いて本業に支障をきたしたら元も子もありません。

「数回の打ち合わせと取材で、気付けば本ができている」くらいの状態を目指しましょう。

こんなふうに書くと「本の制作に対するやる気がない」ように思われるかもしれません。

しかし、世の中のビジネス書の多くはそうしてできています。むしろそのやり方であなたらしく良い内容の本ができないのだとすれば、普段から自分自身の考えや能力の棚卸しができていないということです。

ほぼ「プロ」に任せる

理由のもう一つとして、やる気がありすぎて製作がうまく進まないことがあります。自分の理想が高すぎるあまり、できあがった原稿に修正を入れすぎる人がいるのです。もちろん、明らかに自分の思考と違ったり、書かれたくない内容が入っていたりする場合は修正してもらうべきです。

しかし、**基本的に著者は本作りのための材料**です。そして、**その材料を料理してくれるのは編集やライターという「プロ」ですから、「出てきた料理をおいしくいただこう」くらいのつもりでいた方が上手くいきます**。

私も出版する前は、著者が一番大事だと思っていました。けれど、実際に出版を経験してみると、本作りはチーム作業であることがわかりました。

特に、編集者は影のボスのような存在です。著者がピッチャーとしてゲームの中で目立つ重要なポジションだとすれば、著者に指示を出してゲームをコントロールするキャッチャーは編集者、というイメージですね。

チームでプレイするためには、プレーヤーである編集者、ライター、出版プロデューサーとの信頼関係が重要です。信頼関係を築くためにはコミュニケーションスキルも必要になります。

内容にしても、企画書を作ったり取材をしたりする段階でしっかりとコミュニケーションが取れていれば、大きく自分の意図と外れるものにはならないはずです。

とはいえ、ライターや編集者をアサインしてくれるのは出版社や出版プロデューサーです。すなわち、著者自ら選べるのは出版プロデューサーだけ。そういう意味でも、**出版プロデューサーは全幅の信頼を寄せられる人を選ぶべき**と言えます。

出版プロデューサー選びだけ全力でやって、あとは最小限のリソースでぽんぽんと本ができていく、というのが理想の出版投資です。

4

出版チームを作れ

企画は一人では作れない

出版はチーム戦である、という話をしました。そのため、普段制作しているスタッフの方々と関係を深めることには非常に大きなメリットがあります。

例えば、企画についてです。

何冊も本を出すとなれば、その分必要な企画の数はとてつもない数になります。**本の内容を決める際には、1冊につき複数の企画案を出して検討**します。仮に1冊あたり企画書を3本作るとすれば、10冊出版するには30本の企画が必要となるわけです。

企画の考え方については、第2章で説明した通りです。

ただ、それに加えて私の場合は「企画合宿」を行っていました。お世話になっている出版プロデューサー、出版社の編集者、ライターなどと文字通り部屋にこもって、ひたすら企画を出し続けるのです。

最初はブレインストーミングのように、とにかくアイデアを出し続ける。

参加者は全員、出版のプロですから、一緒に話をするだけでも大変な価値があります。**自分では思いもしなかったようなオリジナルのコンテンツを見つけて、企画にまとめてくれる**のはさすがです。

その上で、具体的なタイトルや内容を詰めながら出版できそうなものとそうでないものにふるい分けていき、大量の企画書を仕上げます。そして、それらをいろんな出版社に送って営業しました。そのおかげで、多くの出版が決まったわけです。

今はさすがにそこまでしていませんが、定期的に編集者が集まる会食などに呼んでいただいています。そこでさまざまな話をすることで、新たな企画が生まれることはよくあります。

自分でスキルや思考の棚卸しをすることは重要ですが、他者だからこそ見える自分の性質というのもあるはずです。そして、それは**初対面ではなかなか見つかりません**。**深い関係の中で見えてくるもの**。だからチーム化が重要なのです。

良いチームメイトと出会うには

文章を書いてくれるライターに関しても、同じように信頼関係を築くことが大切です。何度も同じライターと組んでいれば、自分の考え方を理解した上で原稿を書いてくれるため、満足度の高いものができやすくなります。

良い本作りをするためのメンバーを集めてチームを作る。ここも、やはり出版プロデューサーの力が重要です。

例えば、どうしても自分と相性の悪い編集者やライターもいるかもしれません。そのとき、すぐに代わりのスタッフをアサインできるかどうかは、出版プロデューサー次第です。

経験の乏しい出版プロデューサーはそもそも抱えているスタッフが少ないため、それができません。逆に、**多くの出版をこなしてきた出版プロデューサーはいくらでもライターや編集者を知っているので、状況や著者に合わせて適切な人をアサインしてくれます**。

ただ、出版プロデューサーが企画を考えてくれたり、相性の良い人をアサインしてくれたりするのも、著者自身が「しっかり販促に力を入れて本を売る」という姿勢を見せるからです。

自分が与えれば与えるだけ、相手も返してくれるということの一例ですね。

5

失敗は次の本に生かす

出版でよくある二つの失敗

出版には多くのメリットがありますが、決して安い投資ではありません。やるからには成功させたいですよね。

そこで、今回は出版における失敗例を解説していきます。これから出版する皆さんに役立てていただきたいと思います。

出版投資における失敗は二つあります。

一つは、**そもそも出版できない**というケースです。ちゃんとした出版プロデューサーさえ見つければ回避することができるのですが、この部分への投資をしぶり自分の力だけで出版しようとしてしまう人は失敗してしまいます。

ときどき、出版セミナーへ２年通って、企画書を何度も何度も書き直している人を見かけます。経営者ならその２年間で本業の方に全力を出して、結果的に生まれた利益で出版プロデューサーに投資する方がはるかに効率的です。

二つ目の失敗は、**出版はできたけれど本が売れなかったり、本業に対して思ったよ**

うな効果が得られなかったりするケースです。
なぜこのような失敗がおきるのか、分析していきましょう。

大きな効果が得られない原因とは

二つ目の失敗の原因は、いくつかあります。

原因① 長期視点で見ていない

本書の中でも触れていますが、1冊出版しただけでいきなり集客が何倍にもなる、ということはありません。そもそも、実際のビジネスでもそんな魔法のような施策は、なかなかありませんよね。

特に**出版投資は長期間じっくりやることで、気付いたときにはすごいブランド力が手に入っていた、というもの**です。短期間で効果測定を行っても、なかなかメリットは実感できません。

原因② 企画のネタが悪かった

これはある程度仕方がないところもあります。

もちろん、こういった失敗を避けるために、信頼できる出版プロデューサーを選ぶ必要があるわけです。

しかし、百発百中でヒット作を生み出せる出版プロデューサーや編集者はいません。

お互いに本を出し続ける中で、スキルを磨いていくしかないでしょう。

原因③ 販促費をけちった

仕方がないとは言いましたが、企画が悪かったとしてもある程度の売り上げは販促費をしっかりかければ、再現性をもって生み出せると私は考えています。

したがって、最低限の売り上げも出なかったというケースの多くは、販促費をかけなかったことが原因です。

また、よくある例として、出版プロデューサーに依頼したときはしっかりお金を使うつもりだったけど、**いざプロデュース料を数百万円入金した後に「とりあえず本はできるんだし、販促費は節約した方が良いんじゃないか」と思い、ギリギリで日和っ**

てしまうというパターン。

これをやってしまうと、支払い済みのプロデュース料すら無駄になってしまうことになります。そこは最後まで自信を持って投資をしましょう。

「良い失敗」から学ぶ

世の中、絶対に失敗しない挑戦などあり得ません。問題はそれを次に生かせるかどうかです。

そういう意味ではそもそも出版ができなければ生かしようがないわけですから、出版ができないというのは悪い失敗です。

一方で、**思うように売り上げが伸びなかったという失敗は、企画や販促方法を見直すことでノウハウが蓄積するので良い失敗**とも言えます。

私自身も今思えば、出版を始めたての頃のやり方に対して「あそこにお金をかける必要はなかったな」なんて思うこともあります。しかし、そういった経験のおかげで今の私があるとも言えます。

経営者であればわかると思いますが、全ての事業が思い通りに行くわけではありませんよね。起業で失敗した人が別の事業でうまくいくというのもよく聞く話。出版もそれと同じなのです。

少なくとも、**1冊でも本を出せたというのは非常に良い経験**です。たとえ販促で失敗したとしても、その経験を生かして徐々に改善していけば、必ずうまくいくタイミングが訪れるでしょう。

6

本の中で宣伝する

ビジネスへの導線を引く

ここまで出版を成功させるという観点からアドバイスを書いてきました。

ただ、**本作りにおいて、投資した分を本業の売り上げという形で回収するための施策も考えなければいけません**。

しかし、業種によってサービスや商品の売り方もさまざまだと思います。一般化したアドバイスまでは難しいところです。ひとまず、今回はビジネスコンサルティングをメインとする事業をしている場合の例を示します。

まず基本となるのは、**「DRM集客」**と呼ばれる考え方です。

DRMはダイレクトレスポンスマーケティング、すなわち自社のコンテンツを見て、反応した見込み客に営業をかけるというマーケティング手法のことを指します。

DRMの基本は次の三つです。

①広く集客する

②お客様へ有益な情報を提供し信頼関係を構築する
③さらに良いサービスを求めるお客様に対して自分の商品・サービスを販売する

本業を加速させることを目的として本を出し、さまざまな販促を通して本をたくさん売る過程は、主に①~②のステップにあたります。

そこから③につなげるためには、**何かしらの形で商品やサービスに関するお問い合わせフォームを本の中に入れておく必要があります**。

ただ、本を読んでも、すぐ③には至らないお客様もいます。

そういう方には、本の中で**LINE公式アカウントやメルマガなど、継続的に情報発信できるコンテンツへ誘導**します。時間をかけて、あなたの考えや商品の価値を伝えていきましょう。

宣伝は必須ではない

ただ、こういった直接的な宣伝を本の中に挟むかどうかは、出版社の方針にもよるため、事前に確認しておきましょう。

ただ、それができない出版社では本を出しても意味がない、ということは全くありません。おおまかな傾向ではありますが、こういった**宣伝を認めていない出版社というのは大手が多いよう**です。

しかし、大手の出版社から本を出せるというだけでブランディングの価値はある、とも言えるでしょう。

ブランディングを重視するか、集客を重視するか。出版によってどんな効果を一番に期待するのか、事前によく考えつつ出版社にアプローチすることや柔軟に対応することが大切です。

口コミ並みの信頼感を与える

DRMは出版だけでなく、どこにでもある有名なマーケティング手法です。

「LINE公式アカウントはこちら！」なんていう宣伝は、ブログ記事から街中のレストランまで、至るところで見かけますよね。

ただ、本は他の媒体に比べて圧倒的に情報量が多いものです。そのため、**出版によって、②「情報を提供し信頼関係を構築する」まである程度完了してしまうことが多い**、という点で優れています。

私もさまざまな媒体からＤＲＭを行っています。その中でも、やはり**圧倒的に成約率が高いのは本からの問い合わせ**です。

実際にどれくらいかを伝えるのは難しいのですが、体感として購入者から直接紹介された人と同じくらいの成約率があります。また、現代における最強のマーケティングの一つ「口コミ」と同じくらいの価値があると私は思います。

「現在ＤＲＭに取り組んでいるが、成果が出ていない」という人は、その入り口を出版にするだけでも大きな効果があるかもしれません。

7

投資効果を上げるために　シミュレーションする

出版によるリターンを考えてみる

投資を行うかどうかの判断には、本来リターンの大きさが深く関わってきます。

出版におけるブランディングや集客は間違いなく価値のあるものです。しかし、**実際にどれくらいの集客があってどれくらい成約するかは、当然業種や扱っている商品やサービスの値段などで変わってきます**。

したがって、私から「これくらい儲かるのでここまでは投資をして大丈夫です」といった、具体的なアドバイスをすることはできません。もちろん、直接私のところに聞きに来てくだされば、できる限りのアドバイスをします。

ここでは「出版にどれくらいの投資価値があるのか？」をイメージしてもらうために、一つシミュレーションをしてみたいと思います。

実際の数字については一人ひとり違うと思いますが、ぜひ一度計算して参考にしてみてください。

まず集客効果ですが、私の場合は出版を通じて年間４０００人ほどの方が、ＬＩＮ

E公式アカウントに登録してくださいます。ただ、これは今まで36冊もの本を出しているおかげというのもあります。ひとまず1000人が登録してくれると考えてみましょう。

この1000人の価値も業種によって変わりますが、ここでは税理士を例に考えてみます。仮に1カ月あたりの顧問料（売り上げ）が4万円、見込み客のうち10％が成約するとして計算してみます。

1000人×10％×4万円×12カ月＝4800万円

すると、これだけの売り上げが年間で立つことになります。

ただ、実際はここから人件費を引いたものが利益となります。そこで、その利益に対して出版にかかるコストが見合うかどうかを考えるわけです。

また、見込み客一人を獲得するのにいくらかかって、そこから売り上げがどれだけ生まれるか（成約率がどれくらいか）を考えると、他のマーケティング施策とのざっくりとした比較も可能です。

今回の例で言えば、1000人の見込み客を獲得するのに500万円の出版を2回行ったとすると、見込み客一人当たりにかかるコストは1万円になります。

その見込み客が10％の確率で年間48万円の売り上げとなるため、リターンの期待値は4万8000円。

「1万円のコストで4万8000円の売上期待値をとる」ことが他のマーケティングに比べて得か損かということです。

もちろん、今回の例ならば顧問契約は翌年以降の売り上げにも貢献してくれます。さらに、本の集客効果も2年目以降続いていきます。

正確なシミュレーションではありませんが、出版の効果をイメージするためのおおまかな材料にはなるかと思います。

出版投資をする際の参考にしていただけたらと思います。

投資手法を最適化していく

すでに出版を経験している場合は、先ほどの計算式に実際の見込み客の数値や成約率を入れることで適切な投資額を導くことができるでしょう。

逆に、広告の種類による各数値の違いを考慮することで、どんどん投資の仕方を最適化していくこともできるはずです。

経営者にとって、投資のスキルを磨いていくことは必須になります。

そういう意味でも、出版投資は長期の視点を持って、いろいろな本を出版していくことが理想なのです。

おわりに

ここまでお読みいただき、ありがとうございました。

出版は間違いなく私の人生を変えてくれました。「私と同じく出版を通して人生をより豊かにする人が増えたら良いな」と思っています。

出版の世界は正直なところ、人脈やコネで成功するかどうかが決まる部分もあります。編集者との信頼関係があれば、企画をすんなり通してくれたり、より実績のある良いライターを紹介してもらえたりもします。

ただ、そうなるためにはやはり最初の実績が重要です。だからこそ、最初の1～2冊への投資を惜しまない、そしてすぐに結果が出なくても諦めずに出版し続けること。これが、今までの私の経験から、出版について大切だと思うことです。

私は「出版して本当に人生が変わった」「本当にやってよかった」と思っています。だから「経営者は出版にチャレンジしてほしい」という想いを強く持っています。

しかし、自分がたくさんの本を出版する中で「これは間違いなく効果的な投資である」と自信を持って言えるのに、その割には世間ではあまり知られていない……。このギャップに気付き、今回この本を作りました。

だから、この本を読んで「出版したい！」という人がいれば、ぜひプロデュースしたいと考えています。

実際にお会いして「本当に本を出版したい」「チャレンジしたい」「一緒に作品を作りたい」という方のサポートをしていきたいと思っています。心から「この人の本を出したい！」と思える人をプロデュースしたいのです。


世間には、自分が全然本を出していないのに出版プロデューサーを名乗っている人もいます。もちろん、その人もプロデュース能力は高いのでしょう。そういう人を批判するつもりはありません。

ただ個人的には、自分がプレーヤーでないのに特定の技術を教えるのは釈然としないものがあります。

ミュージシャンとしてステージに立ったことがない人にボイストレーニングを教わろうと思うでしょうか？　受験勉強を頑張ったことがなく学歴も低い人が教える予備校に通いたいと思うでしょうか？

私は少なくとも常に本を出していて、その実績もしっかり開示しています。出版に必要な人脈もコネクションもあるので、ちゃんとプロデュースできる自信もあります。

また、1日2冊、年間730冊の本を自腹で購入して読書しています。本を友達とすら思っています。私の家には、毎日二人の友達が届くというわけです（笑）。

ここまで本を愛して日々生活している出版プロデューサーはいないでしょう！

せっかくならこの本への想いや人脈を生かして、自分が応援したいと思う人の出版を手助けしたり、面白いと思う人の本を出したりしたいなと考えています。

初めは、身の周りの経営者に出版を勧めてサポートすることで満足していました。

しかし、そのうち、もっと世間にアピールして楽しい本を出してみたいと思ったわけです。

それに「絶対ベストセラーを出してやるぞ！」「10年で100万部売ってやるぞ！」という方と出版に取り組む方が、シンプルに楽しいでしょう。自分にとっても刺激になると思っています。

なので、ただ「お金を払うので出版させてください」という方をプロデュースすることはありません。そういう場合は、他の方をあたってください。

と、こんなふうに書くとちょっと偉そうですね。すみません。とはいえ、やっぱりせっかくやるなら楽しいこと、ワクワクすることがしたいですよね。

私の出版プロデュースに興味を持っていただけた方は、ぜひ私のLINE公式アカウント「金川顕教（理想が叶うLINE通信）」へご連絡ください。次のバーコードより「出版プロデュース希望」と、熱いメッセージをお送りいただけたらと思います。

一緒にワクワクするような本を作りましょう。

この本をきっかけに出版に興味を持ち、本作りや販促にワクワクし、本のことを好きになる人がより増えれば、私としては最高の想いです。

金川顕教

LINE 公式アカウント

金川顕教（理想が叶う LINE 通信）（4 万人以上が登録中）
@rgt0375y

YouTube チャンネル

http://www.youtube.com/channel/UCCOM5OkoyUFJa5T4kJn3r0g?sub_confirmation=1
（YouTube の検索欄から「金川顕教」か「YouTube 図書館」で検索してください）

金川顕教オフィシャルサイト

http://akinori-kanagawa.jp/

金川顕教（かながわ・あきのり）

公認会計士、経営コンサルタント、ビジネスプロデューサー、出版プロデューサー、事業家、作家。

三重県生まれ、立命館大学産業社会学部卒業。大学在学中に公認会計士試験に合格し、世界一の規模を誇る会計事務所デロイト トウシュ トーマツグループの有限責任監査法人トーマツ勤務を経て独立。トーマツでは、不動産、保険、自動車、農業、飲食、コンサルティング業など、さまざまな業種・業態の会計監査、内部統制監査を担当。数多くの成功者から学んだ経験を活かして経営コンサルタントとして独立し、不動産、保険代理店、出版社、広告代理店などさまざまなビジネスのプロデュースに携わる。

「量からしか質は生まれない」をミッションとして、一人でも多くの人に伝えるために執筆活動を開始し、ビジネス書、自己啓発書、小説など多岐にわたるジャンルでベストセラーを連発している。

著書は『年収300万円の人の悪習慣 年収1000万円の人の良習慣 年収1億円の人のすごい習慣』（サンライズパブリッシング）、『1時間で10倍の成果を生み出す最強最速スキル　時給思考』（すばる舎）、『公認会計士で起業家だから教えられる「すごい会計思考」』（ポプラ社）、『稼ぐ話術「すぐできる」コツ　明日、あなたが話すと、「誰もが真剣に聞く」ようになる』（三笠書房）、『仕事と人生を激変させる インプットの教科書』（SBクリエイティブ）、『イヤなことは死んでもやるな』（KADOKAWA）、『80分でマスター！［ガチ速］決算書入門』（扶桑社）、『最高の働き方 理想の人生は「脱サラ」の先にある』（総合法令出版）など多数。

視覚障害その他の理由で活字のままでこの本を利用出来ない人のために、営利を目的とする場合を除き「録音図書」「点字図書」「拡大図書」等の製作をすることを認めます。その際は著作権者、または、出版社までご連絡ください。

さあ、本を出そう！
出版一年目の教科書

2020年10月19日　初版発行

著　者　金川顕教
発行者　野村直克
発行所　総合法令出版株式会社
〒103-0001 東京都中央区日本橋小伝馬町 15-18
EDGE 小伝馬町ビル 9 階
電話　03-5623-5121
印刷・製本　中央精版印刷株式会社

落丁・乱丁本はお取替えいたします。
©Akinori Kanagawa 2020 Printed in Japan
ISBN 978-4-86280-767-0
総合法令出版ホームページ　http://www.horei.com/